JN092837

中国における正史の形成と儒教

渡邉義浩

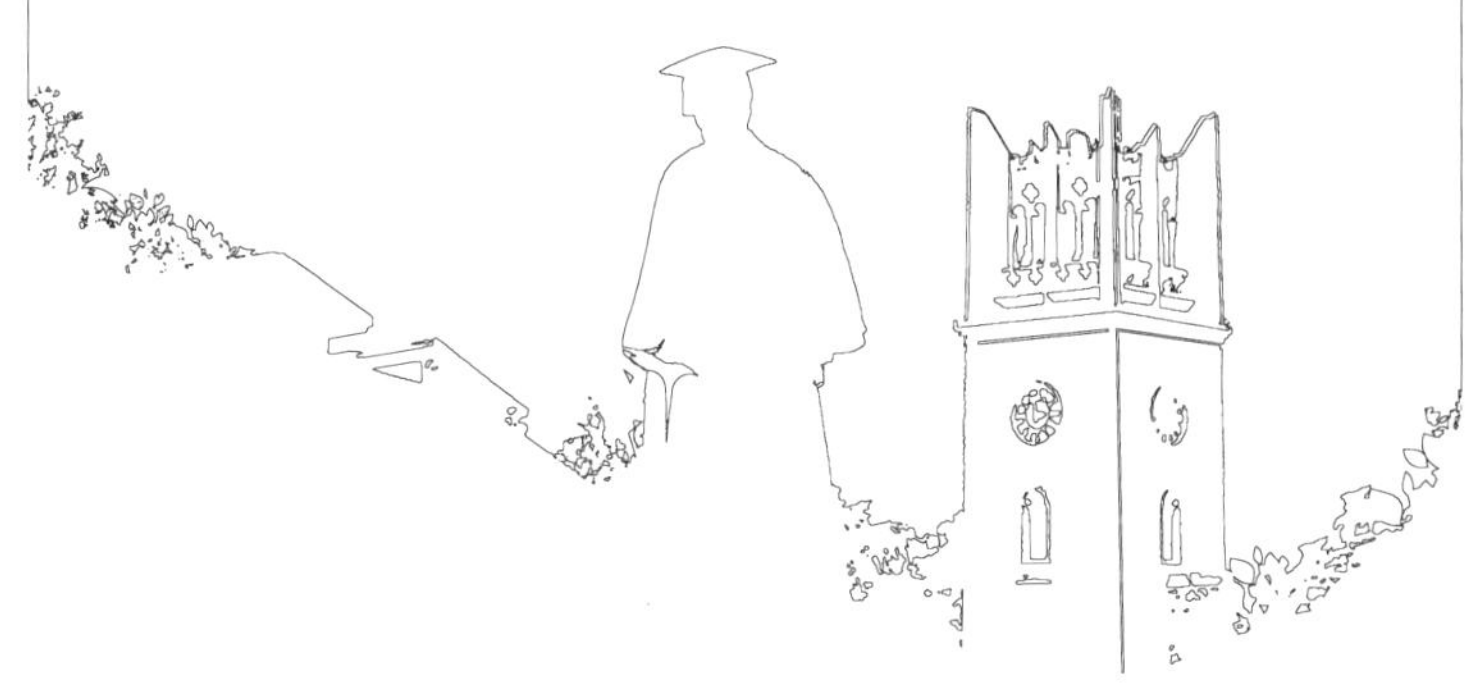

早稲田選書

はじめに

漢の五（前二〇二）年、劉邦は総攻撃を開始する。先鋒の韓信は、楚軍を大敗させた。楚の兵力は減り、軍糧は尽き果てた。夜も更けてくると、四方から楚の歌が聞こえてくる。

「漢はすでに楚を手に入れたのか。何と楚人の多いことか」。項羽は夜中に起き上がると、帳の中で酒を飲んだ。美人が侍る。名を虞という。寵愛されていつも従っていた。駿馬がいた。名を騅という。常にこれに乗ってきた。項羽は悲憤慷慨して、自ら詩をつくった。

力は山を抜き、気は世を蓋ふ。　時に利あらずして、騅 逝かず。
騅 逝かざれば、奈何す可き。　虞よ虞よ、若を奈何せん。
（『史記』項羽本紀）

歌うこと数回、虞美人もこれに和した。項羽の目からは涙が数行下った。左右のものはみな俯いたまま、顔を上げることができなかった。

歌い終わると項羽は、騅に乗った。従うものわずか八百騎余り。漢軍は千金と一万戸の懸賞を掛け、項羽を追った。途中、項羽は一人の農夫に道を尋ねた。農夫の教えた道は、大きな沼地に通じていた。人心は項羽から離れていたのである。それでも項羽は、漢軍を三たび撃破した。「天が我を滅ぼすのであり、兵を用いる罪ではない」ことの証明のためである。三度の勝利の後、項羽は烏江に辿り着く。

烏江の亭長は、船の支度をして待っていた。もう一度、江東に戻り捲土重来を期すことを項羽に勧める。項羽は、「天が我を滅ぼそうとするのに、なぜ渡ることができよう」と言い、騅を亭長に譲った。馬から下りて戦い続けた項羽は、漢軍の中に幼なじみの呂馬童を見つける。「一万戸をおまえにくれてやろう」。項羽は自ら首を刎ねて死んだ。

『史記』の中でも、古来、愛読されてきた項羽絶命の場面である。「天が項羽を滅ぼす」悲劇が描かれ、物語としてはたいへん美しい。中国近代文学の祖である魯迅は、司馬遷に「史家の絶唱」という最高の評価を与えている。

だが、『史記』を歴史書、しかも西欧近代的な事実を記すことを重要な使命とする歴史書としてこの場面を読むと、詩を聞いていたのは誰か、亭長との話を後世に伝えたのは誰か、といった事実関係は曖昧である。項羽の伝記は、果たして事実を記録したのか、という疑問を抱かざるを得なくなるのである。このため、たとえば宮崎市定『史記を語る』（岩波新書、一九七九年）は、司馬遷の取材した「項羽劇」により項羽本紀は書かれたと考え、川合康三『中国の自伝文学』（創文社、一九九六年）は、項羽の詩を悲劇のクライマックスで歌われるアリア〔劇中歌〕であると主張する。

本書は、司馬遷は、歴史書である『史記』において、虚構に基づく物語をなぜ利用したのだろうか、という疑問は果たして成立するのか、という問題から始まる。『史記』は歴史書ではなく、本来は、『太史公書』という正式名称を持つ思想書なのである。『漢書』を著した班固は、劉歆の「七略」を継承した藝文志という書籍目録の中で、『史記』を儒家の「春秋家」に分類している。

もちろん、記録を記す史官は、周（前一一世紀～前二五六年）から存在する。殷（前一七世紀～前一一世紀）の甲骨文字にも、史の字が存在する。問題は、史学独自の方法論、あるいは史学という文化的価値が、いつ儒教から自立したのかにある。司馬遷のころはもとより、班固の生きた後漢（二五～二二〇年）の初期にも、史学は独立した地位を学術上に占めていなかった。司馬遷は、孔子の子孫の孔安国から古文『尚書』を受け、班固が儒教国教化の立役者と尊崇した董仲舒を師として春秋公羊学を修めた儒者である。

司馬遷が『太史公書』を執筆した理由は、『春秋』の「君子曰く」を継承し、「太史公曰く」により、「史の記」（史官の記録）に基づき、自らの思想を表白するためであった。司馬遷の主たる関心は、自らの思想を語ることにあり、その材料となる「史の記」が、事実であるか、虚構であるかを弁別することにはない。それが、司馬遷が修めた儒教の、具体的には春秋学の歴史に対する立ち位置であった。史学は儒教に従属していたのである。

司馬遷は、項羽本紀に「天が我を滅ぼすのである」という項羽の言葉を繰り返し記す。天に滅ぼされる項羽の悲劇に対して、本紀そのものは同情的である。ところが、項羽本紀の「太史公曰く」では、項羽が「おのれの非を覚らず、自らを責めず「天が我を滅ぼすのであり、兵を用いる罪ではない」としたのは、なんと誤りではないか」と厳しく項羽を批判する。前漢（前二〇二～八年）に生きる司馬遷は、項羽の悪を示すことで、漢が成立する必然性を主張するために、『太史公書』の項羽本紀を著した。項羽を同情的に描く本文と、項羽を批判する「太史公曰く」との不整合は、前者があくまで後者の材料にすぎなかったことを示す。司馬遷は、項羽の悲劇が客観的に正しい事実であるか否かを書きたいわけではない。伝えられていた項羽の話、それがたとえ伝説であっても、それを踏まえて自らの主張を述べることが、思想書である『太史公書』の執筆目的なのである。

しかし、やがて司馬遷の『太史公書』は、『史記』と呼ばれる。後漢末の霊帝期のあたりである。このころ、後漢「儒教国家」は、黄巾に新たなる「黄天」の到来を喧伝されるほど、その正統性を失いつつあった。そうしたなか、司馬遷の『太史公書』は、「史の記」に基づき思想を語る書から、『史記』すなわち史書として認識されるようになる。中国書籍の分類法が、史書を重視する「経〔儒教〕・史〔史学〕・子〔諸子〕・集〔文学〕」の四部分類に変わるのは、魏晉期からである。三国時代（二二〇～二八〇年）にようやく、史学は、儒教の軛を脱し始める。

中国は、『史記』を筆頭とする二十四の正史〔正統な歴史書〕を代表とする、史書を多く残した国とされる。ただし、正史という名称の確立は、唐代（六一八～九〇七年）に編纂された『隋書』経籍志にまで降る。この間、史学はどのように儒教から自立したのであろうか。

本書は、その過程を述べていくことで、中国史学の特質を知るとともに、中国における儒教の圧倒的な規制力を再認識するものである。

目　次

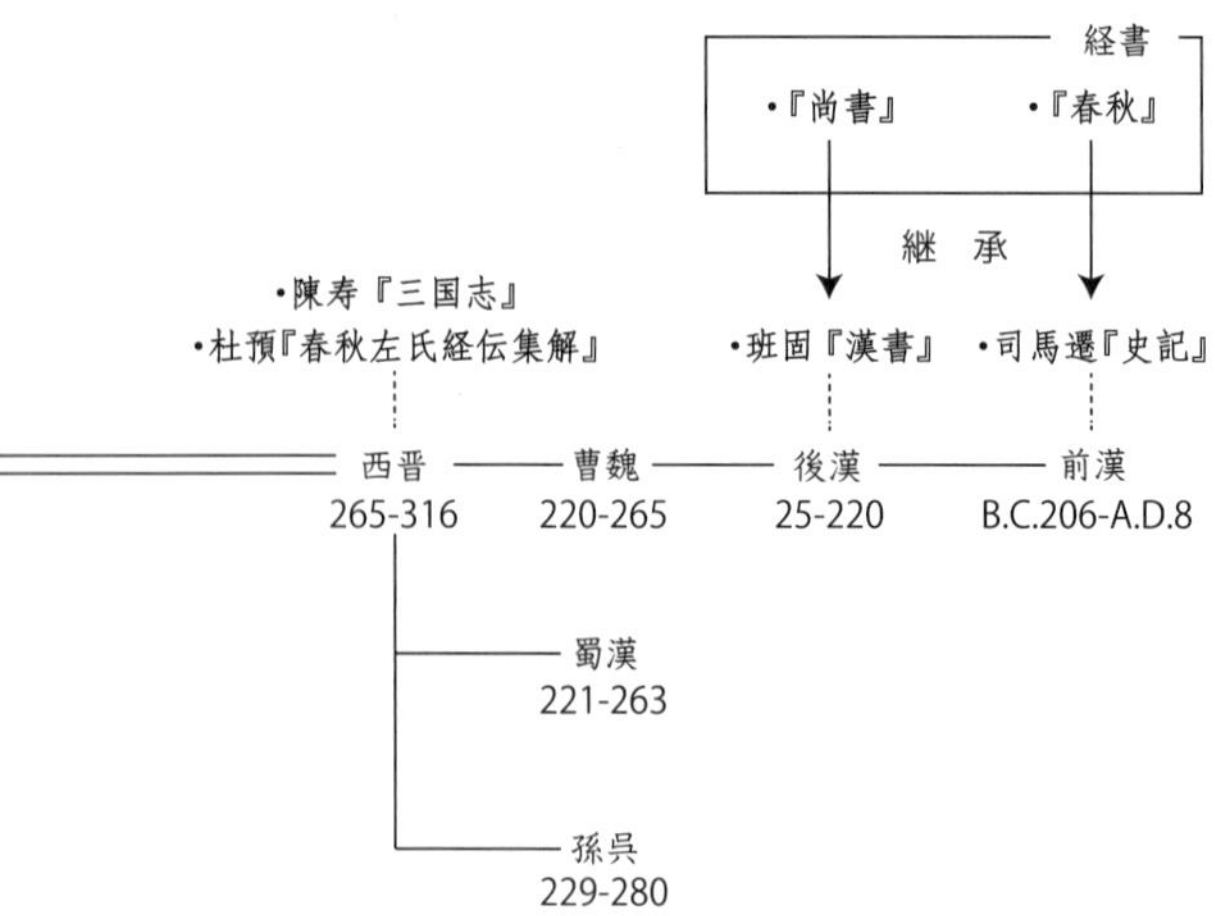
経書
・『尚書』
・『春秋』
継承
・陳寿『三国志』
・杜預『春秋左氏経伝集解』
・班固『漢書』
・司馬遷『史記』
西晋
265-316
曹魏
220-265
後漢
25-220
前漢
B.C.206-A.D.8
蜀漢
221-263
孫呉
229-280

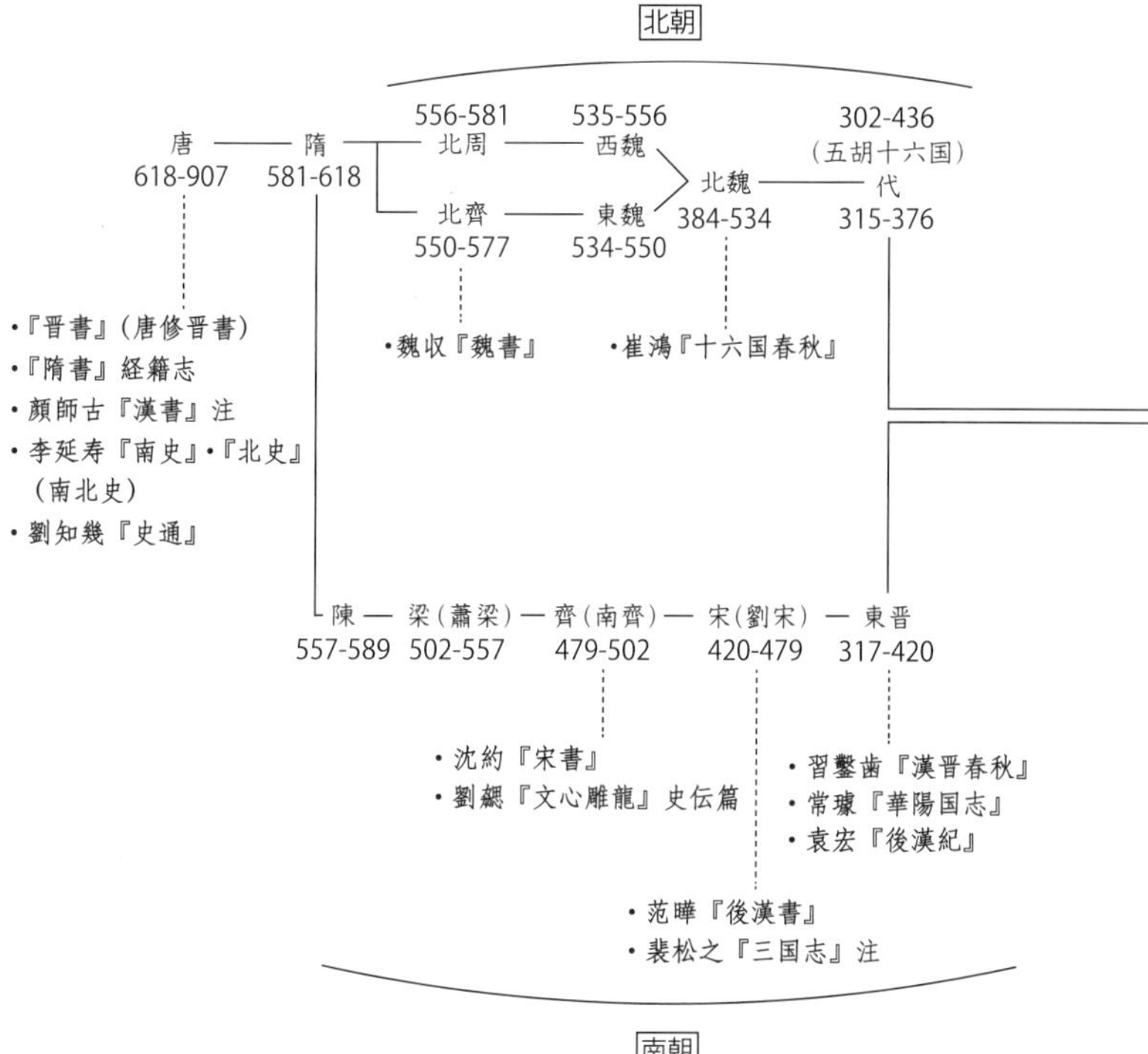
北朝
556-581
535-556
302-436
(五胡十六国)
唐
618-907
隋
581-618
北周
西魏
北魏
384-534
代
315-376
北齊
550-577
東魏
534-550
•『晋書』(唐修晋書)
•『隋書』経籍志
•顔師古『漢書』注
•李延寿『南史』•『北史』
(南北史)
•劉知幾『史通』
•魏収『魏書』
•崔鴻『十六国春秋』
陳
557-589
梁(蕭梁)
502-557
齊(南齊)
479-502
宋(劉宋)
420-479
東晋
317-420
•沈約『宋書』
•劉勰『文心雕龍』史伝篇
•習鑿歯『漢晋春秋』
•常璩『華陽国志』
•袁宏『後漢紀』
•范曄『後漢書』
•裴松之『三国志』注
南朝

第一章　『史記』と『漢書』

『春秋』と『尚書』の継承

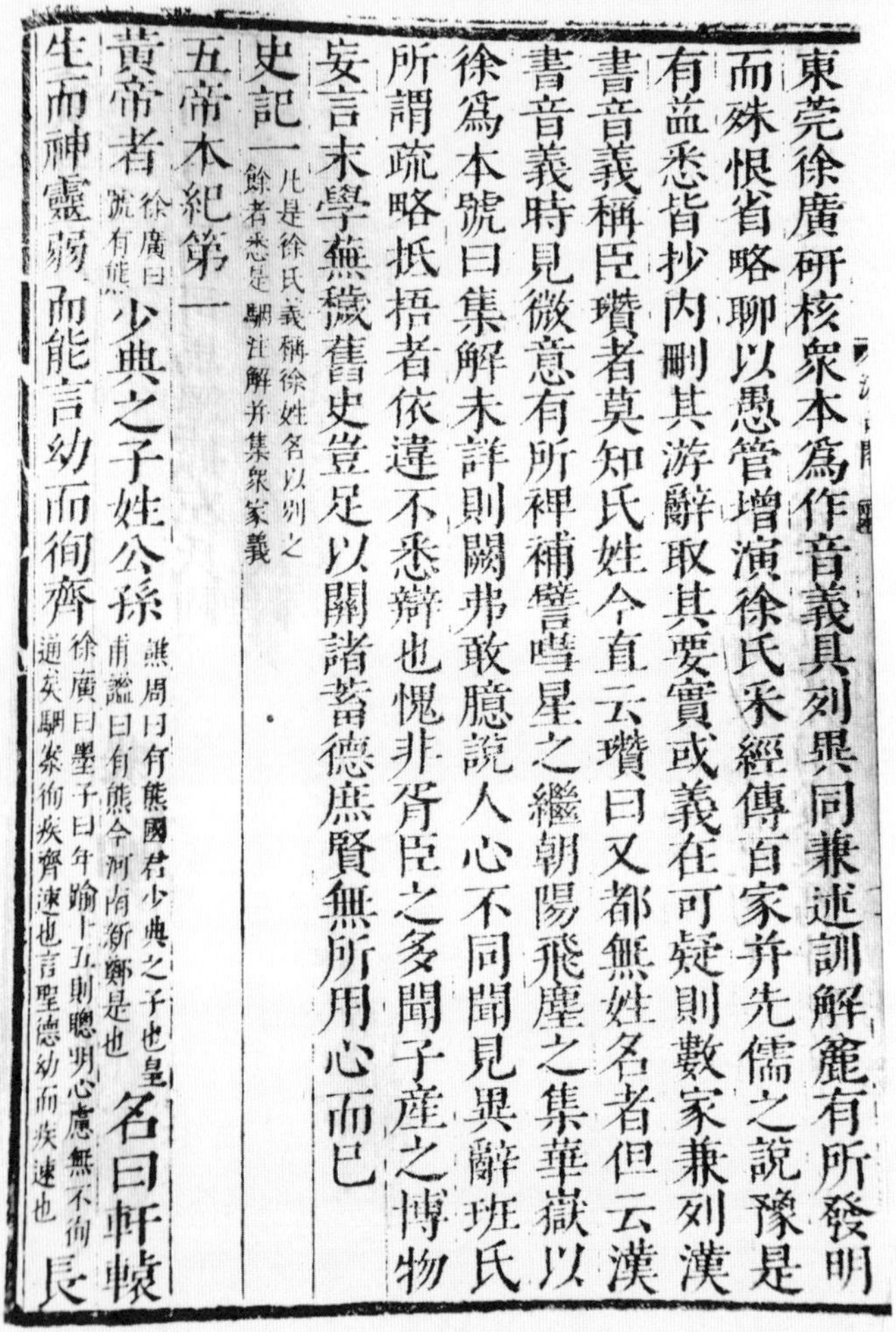

東莞徐廣研核衆本爲作音義具列異同兼述訓解麄有所發明
而殊恨省略聊以愚管增演徐氏采經傳百家幷先儒之說豫是
有益悉皆抄内刪其游辭取其要實或義在可疑則數家兼列漢
書音義稱臣瓚者莫知氏姓今直云瓚曰又都無姓名者但云漢
書音義時見微意有所裨補譬嘒星之繼朝陽飛塵之集華嶽以
徐爲本號曰集解未詳則闕弗敢臆說人心不同聞見異辭班氏
所謂疏略抵捂者依違不悉辯也愧非胥臣之多聞子産之博物
妄言末學蕪穢舊史豈足以關諸畜德庶賢無所用心而已

史記一（凡是徐氏義稱徐姓名以別之餘者悉是駰注解幷集衆家義）

五帝本紀第一

黄帝者（徐廣曰號有熊）少典之子姓公孫（譙周曰有熊國君少典之子也皇甫謐曰有熊今河南新鄭是也）名曰軒轅
生而神靈弱而能言幼而徇齊（徐廣曰墨子曰年踰十五則聰明心慮無不徇通矣駰案徇疾齊速也言聖德幼而疾速也）長

『史記集解』（明・汲古閣本）　大きな文字が本文で、割注（小さい文字で二行で記され、一行ずつ右から読む）が裴駰の集解である。

1 司馬遷の『春秋』観

司馬遷と『史記』

『史記』〔『太史公書』が本来の名称〕の制作は、父の司馬談が、太史公の官職に就いたことに始まる。

司馬談は、孔子が制作したとされる儒教経典の『春秋』を書き継ぐことを目指し、明主・賢君・忠臣・死義の士を記録に残した。佐藤武敏『司馬遷の研究』（汲古書院、一九九七年）によれば、『史記』のうち、春秋・戦国時代（前七七〇年～前二二一年）から漢初にかけてを主とする部分は、司馬談の著作であり、権力を批判した人々を高く評価するという。

司馬遷は、二十歳のとき、仕官の準備のため、最初の大旅行をした。国家の祭祀個所を訪ね、儒教の礼を修め、史跡の調査を行った。以後、全部で六回、司馬遷は大きな旅行をしている。その見聞は、直接的ではないが、『太史公書』の叙述に生かされている。

司馬遷は、太史令になると、太初元（前一〇四）年、『太史公書』の執筆に着手した。太史令は、太常〔祭祀を主管する大臣〕の属官で官秩〔俸給〕は六百石、その職は天文・暦法のほか、文章・記録を掌る。したがって、司馬遷は、公務の余暇に『太史公書』を執筆したのではなく、太史令の職務の一環として自らの著作を制作した。司馬遷は、太史令として、官庁に保存された各種の記録を読み、太史の官庁において『太史公書』の執筆に、天漢二（前九六）年までの七年間を当てていた。

司馬遷が太史令を罷免されたのは、北方遊牧民族の匈奴に降服した将軍の李陵〔秦の始皇帝に仕えた李信の子孫〕を弁護したためである。このころ漢は、匈奴に対して守勢にあり、財政的にも困窮の度を増していた。匈奴との戦争に、内心では反対する大臣も多かった。かれらのうちの誰かが、武帝が司馬遷を召問する手続きをして、司馬遷は匈奴に降服した李陵の弁護をしたのである。武帝が激怒したのは、司馬遷の意見の背後にあった、対匈奴戦の指揮者である将軍、ことに李皇后の姻戚である李広利への批判、さらには匈奴政策への批判の潜在に対してであろう。武帝は、こうした批判を封殺するため、司馬遷を極刑に処した。

司馬遷は、『太史公書』が未完であったため、死刑を免れるために宮刑〔生殖能力を失わせる刑〕を受けた。やがて武帝は、李陵が戦いに死力を尽くしたと知って後悔する。このため、司馬遷は、受刑の後、太始元（前九六）年、宦官として中書令〔皇帝の側近官〕となり、『太史公書』の執筆を再開できた。『太史公書』が一応の完成を見たのは、征和二（前八七）年、あわせて十三年に及ぶ執筆期間であった。

伯夷列伝と孔子への疑義

『太史公書』の列伝第一に置かれる伯夷列伝は、末尾の太史公自序第七十と呼応する、列伝全体の序文である。伯夷列伝において、司馬遷は、「天道　是か非か」（天道は正しいのか否か）と問いかける。

伯夷列伝は、通常とは異なり、司馬遷の序から始まる。序では、孔子が伯夷と叔斉のことを伝える『論語』を引用する。『論語』の言葉だけは、書き下し文で掲げよう。

孔子は、「伯夷・叔斉、旧悪を念はず、怨み是を用て希なり」といった。また（ふたりは）「仁を求めて仁を得たり。又何ぞ怨まんや」といった。（しかし）余は伯夷の思いを悲しむ。かれが残した「采薇の詩」を見ると（恨まなかったという孔子の言葉を）疑わしく思うのである。その伝は次のようである……。

（『史記』伯夷列伝）

司馬遷は、『論語』の公冶長篇と述而篇から、伯夷・叔斉は怨んでいなかった、という孔子の言葉を引く。そのうえで、自分は伯夷の思いを悲しみ、「采薇の詩」を見ると、怨んでいなかったという孔子の言葉を疑わしく思う、というのである。これに続けて、伯夷・叔斉の「伝」が述べられていく。「伝」は短く、次のような内容を伝えるだけである。

伯夷・叔斉は、殷末・周初の孤竹国の王子である。兄の伯夷は父の遺志により王位を弟の叔斉に譲ろうとしたが、叔斉は長幼の序を重んじて受けなかった。王座を譲り合い、ついに孤竹国を出奔した二人は、周に身を寄せる。しかし、周の武王が、殷の臣下でありながら紂王を討伐しようとすると、それを不忠と批判する。殷が滅亡すると、周の粟を食べることを恥じ、首陽山に入り薇を食べて生活したが、やがて餓死した。

「伝」の後、司馬遷は、父の司馬談が尊重する『老子』の言葉を掲げ、それも否定する。『老子』第七十九章の「天道は善人に味方する」という言葉について、伯夷・叔斉の事例のほか、孔子が最も愛した顔回が早く亡くなり、それに対して大悪党の盗跖が大往生を遂げた事例を挙げて、疑義を呈するのである。「天道、是か非か」と。

司馬遷が列伝の冒頭から、董仲舒・孔安国から教えを受けた孔子の言葉に疑問を記し、父の尊重した『老子』の言葉に疑義を呈するのは、穏やかではない。そこまでして、司馬遷が列伝の冒頭で述べたかった思想とは何であろうか。もちろん、「天道 是か非か」を重視して、司馬遷の思想を探ることも許されよう。匈奴に敗れた李陵を弁護し、前漢の武帝から宮刑に処された司馬遷が、人間の運命の悲劇を述べた、と捉えることは可能である。

しかし、司馬遷の最も重要な主張は、「天道 是か非か」のあとに、「君子は世を没へて名の称せられざるを疾む」（『論語』衛霊公篇）という孔子の言葉を引用した、そのさらに後に記されている。

> 伯夷・叔斉は賢者であったが、孔子に記録されることで、名声はますます顕れた。顔回は篤学であったが、（孔子の）驥尾に附すことで、行いがますます彰われた。……行いを磨き名を立てようとする者も、盛名の人に記録されなければ、どうして後世に名を伝えることができるだろうか。

（『史記』伯夷列伝）

司馬遷は、自らの宮刑という運命を受けて、孔子の言葉に疑義を呈した。それでも、孔子によって伯夷・叔斉の生き方が伝えられることで、二人は名を残し、運命による悲劇は救済された。「天道 是か非か」と叫ばざるを得ないような運命による人間の悲劇、それを救済するものとして、司馬遷は記録による伝承を重視したのである。

このため司馬遷は、孔子の『春秋』制作を規範に「行事（こうじ）」〔人々の行動の記録〕を伝え、それに「太史公曰く」から始まる自分の意見を付けることで、自らの価値観を後世に遺すとともに、人々の生を意義づけるために『太史公書』を著した。それが、列伝末尾の太史公自序にある「名山に蔵（かく）」してでも、『太史公書』を後世に伝えていきたい、という思いに呼応している。

記録するという人間の力により、天道に翻弄される人間の運命の儚（はかな）さを乗り越えられる。それを信ずるのは、孔子が史官の記録に「春秋の義」を加えた『春秋』によって、伯夷・叔斉らが救われたと考えることによる。それと同じように、後世に伝えるべき「行事」に「太史公曰く」として自らの思想を加えて後世に遺す。これこそ司馬遷が『太史公書』を執筆した目的であった。

司馬遷の『春秋』観

それでは、司馬遷は、『太史公書』の規範とする『春秋』をどのように捉えていたのであろうか。太史公自序において、司馬遷は、孔子世家（せいか）を立てた理由を次のように記している。

周室が衰え、諸侯は欲しいままに振る舞った。仲尼（孔子）は礼が廃れ楽が崩れたことを悼み、経術を修めることで、①王道を達成し、②乱世を匡してこれを正道にかえそうとした。その文辞を見ると、③天下のため儀法を制定し、六藝（詩・書・春秋・易・礼・楽）の大本を後世に垂れた。（それを明らかにするため）孔子世家を作った。

（『史記』太史公自序）

司馬遷は、『太史公書』に孔子を記録することにより、『春秋』で孔子が伯夷などを救ったように、不遇であった孔子の運命を救いあげようとした。世家に孔子を列し、後世に伝えることが、孔子の「君子は世を没へて名の称せられざるを疾む」という言葉に対する、儒者司馬遷の答えであった。孔子世家により、孔子の名を後世に伝えようとしたのである。

孔子世家は、司馬遷が自ら創り出した紀伝体の体裁を破っていると批判される。世家は、諸王・諸侯の記録だからである。司馬遷はなぜ、孔子を世家に列したのであろうか。それは、孔子が①「王道を達成」している、具体的には自らは王にならなかったものの、③「天下のために儀法を制定」して王の役割を果たしたことによる。これを孔子素王説という。孔子が素王〔王の位はないが、その徳を持つ〕であれば、世家に位置づけるに相応しい。孔子が素王となったのは、②「乱世を匡してこれを正道にかえそう」とした志による。これは、『春秋公羊伝』哀公十四年の言葉に基づく。司馬遷は、董仲舒より受けた春秋公羊学に基づいて、その志を高く評価して孔子を素王と位置づけ、世家に置いたのである。

孔子世家は、『論語』を中心的な資料として、孔子の生涯と経書の編纂を述べる。そこでは、孔子が『春秋』を制作した契機と執筆動機は、次のように説明されている。

(本来聖世に現れるべき麒麟が乱世で捕らえられて死んだ)①獲麟を見て、(孔子は)「わたしの道は窮まった」と言った。溜め息をつき嘆いて、②「わたしを知(り用い)る者はないな」と言った。(弟子の)子貢が、「どうして先生を知(り用い)る者はないのでしょう」と尋ねた。孔子は、「天を怨みはせず、人を尤めもしない。下のことに学んで上(の天命)を知る。わたしを知る者は、天であろうか」と答えた。……孔子は、③「君子は世を没へて名の称せられざるを疾む。わたしの道は行われず、わたしは何により後世に名を知られようか」と言った。そこで④史官の記録によって『春秋』を作った。遠く隠公にさかのぼり、近く哀公十四年におわるまで、十二代の公(の行事)を記した。……呉と楚の君主は自ら王と称したが、『春秋』はこれを貶めて子と記した。(春秋の五覇に数える晉の文公が開催した)踐土の会は、実は周の天子を召しよせたのであるが、『春秋』はこれを諱んで、天王が河陽に狩したと記す。⑤このような書き方を推進して、世を正した。毀誉褒貶の大義は、後に王者が出て、この意図を挙げて用いよう。(それにより)⑥春秋の義が行われれば、天下の乱臣・賊子は懼れよう。……孔子は、⑦「後世丘を知る者は『春秋』によってであり、丘を罪する者も『春秋』によってであろう」といった。

(『史記』孔子世家)

孔子は、①獲麟（かくりん）を見て「わたしの道は窮まった」と嘆いて、世に②自分を知るものはなく、それは「天」だけであると考えた。そして、③伯夷列伝でも引用されていた、『論語』に記される「君子は世を没（を）へて名の称せられざるを疾（や）む」という思いから、孔子は「後世に名を知られ」るために、④「史官の記録〔原文は「史記」、以下『史記』と区別するため「史の記」と表記〕によって『春秋』を作」った、と司馬遷は記すのである。ここで、『春秋』の素材として「史の記」という用語が挙げられることには留意したい。司馬遷の著した『太史公書』は、素材としての「史の記」なのか、『春秋』を継承する書なのか、という問題が、司馬遷の執筆意図と関わるためである。

また、孔子が『春秋』を「作」ったという表現には、司馬遷の儒者としての立場が表明される。『論語』述而（じゅつじ）篇に、「述べて作らず」とあるように、孔子は本来「作」らない。「制作」することは、聖人の行為だからである。それにも拘（かかわ）らず、孔子は『春秋』を「制作」し、礼楽・制度を整えたと主張することが、春秋公羊（くよう）学の立場である。孔子の聖人化を目指しているのである。司馬遷は、『春秋』を公羊学に基づき理解していることを確認できよう。

続いて、司馬遷は、具体的な事例を挙げて「春秋の筆法」を説明する。「春秋の筆法」により⑤「世を正」すことで示される「毀誉褒貶（きよほうへん）の大義」が、後の「王者」に用いられることで、⑥「春秋の義」は世に行われる。それにより、「天下の乱臣・賊子」が恐れることで、世は王道へと近づく。このため、孔子は、⑦「丘（わたし）〔孔子の名は丘（きゅう）〕を知る者」も「罪する者」も『春秋』による、と自負していたと言うのである。

さらに司馬遷は、孔子の『春秋』執筆の意図を董生（董仲舒先生）の見解を引用しながら、次のように説明する。

> 余が董生から聞いたところでは、「……①孔子は（自らの）言葉が用いられず、正しい道が行われないことを知ると、（魯の隠公から哀公までの）二百四十二年の記録に是か非かを述べ、それにより天下の儀表とした。……②孔子は、「わたしは規範を空言（理念）として記すよりは、それを行事（事実の記録）に著す方が深く適切で明確になると考えた（ので『春秋』を著した）」と言ったという。『春秋』は、上は三王（夏の禹王・殷の湯王・周の文王）の道を明らかにし、下は人事の紀を示し、疑わしいことを分かち、是非を明らかにし、ためらいを定め、善を善し悪を悪み、賢を賢とするもので……③王道の大いなるものである。……④春秋は是非を弁ずるものである。このため人を治めることに長所がある。……⑤春秋はそれにより義を言うものである。⑥乱世をおさめこれを正道に戻すには、『春秋』より手近なものはない。
>
> （『史記』太史公自序）

①に述べられる孔子の『春秋』執筆の動機は、『孟子』滕文公章句下に述べられる執筆動機に近いが、『孟子』は「春秋（の執筆）は天子の（行う）事」と位置づける。これに対して、司馬遷が引く董仲舒の言葉は、『春秋』の執筆を「天子の事」とはしない。董仲舒はあくまで、孔子を素王とするのである。司馬遷の『春秋』観は、『孟子』ではなく、董仲舒のそれに基づく。それは、②の孔子の言

葉が、『論語』・『孟子』などにはなく、董仲舒とその後学の主張をまとめた『春秋繁露』に引用される孔子の言葉に近いことからも明らかである。ここで注目すべきは、「空言」との対比において、『春秋』が「行事」を表現するものとされることである。「行事」と『太史公書』の関係については、後述しよう。

そして、司馬遷は『春秋』を③「王道の大いなるもの」と位置づけたうえで、他の儒教経典と比較しながら、その特長を④「是非を弁ずる」点にあるとする。『春秋』において「王道」のために示す「是非」の判断が、⑤春秋の「義」である。このため、『春秋』は、⑥「乱世をおさめこれを正道に戻すには、『春秋』より手近なものはない」と位置づけられる。⑥の言葉は、『春秋公羊伝』哀公十四年を典拠とする。しかも、『史記』高祖本紀では、臣下たちが、劉邦に皇帝即位を勧める文章に、この言葉を引用している。司馬遷は、高祖の天下平定において最も有効な原理が『春秋公羊伝』に示されている、と考えたのである。そして、素王の孔子が、自己の評価を定めるものとまで『春秋』を重視するのであるから、孔子の理想である王道を布かんとする漢は『春秋』、とりわけ『春秋公羊伝』を最も重視すべきである、と主張する。それは、師の董仲舒と同じ考えであった。それでは、司馬遷の『太史公書』は、『春秋』といかなる関係にあるのであろうか。

2 「史の記」と『春秋』

「史の記」と『春秋』

『後漢書』班彪伝に引く『後伝』〔班彪が『太史公書』を書き継いだ本で、子の班固が著す『漢書』の原材料の一部〕は、司馬遷の記事の範囲を黄帝から獲麟までと伝える。この「獲麟」について、『後漢書』班彪伝の李賢注は、武帝の太始二（前九五）年のことであり、司馬遷は『史記』を著し、この年に執筆を終えた、と説明する。現在、司馬遷の著した武帝本紀は失われており、『史記』が太始二年の獲麟で筆を擱いているか否かを直接確認はできない。しかし、獲麟で筆を擱いたことは、『史記』太史公自序にも明記されている。

　獲麟で終わることは、『春秋』も同じである。哀公十四（前四八一）年、獲麟の記事で孔子が『春秋』を擱筆することについて、『春秋公羊伝』は、獲麟を聞いた孔子が嘆き、「わたしの道は窮まった」と言ったとする。これは、『史記』孔子世家にも記される。その後、『春秋公羊伝』は、隠公に始まり哀公に終わる『春秋』が、なぜ作られたのかに議論を進める。孔子は漢が大乱の後を引き継ぐことを知っていたので、乱をおさめるための法〔制度・原則〕をつくって、漢に授けたのである、と春秋公羊学では解釈する。すなわち、孔子は、獲麟を機に周の滅亡を感じ、『春秋』の執筆を始めた、とされているのである。

　春秋公羊学を修めた司馬遷が、獲麟で筆を擱いたのであれば、司馬遷は漢の滅亡を感じ、孔子の『春秋』と同様に『太史公書』を著し、乱をおさめるための法を描いて、後王にそれを遺そうとしたことになる。事実、太史公自序の文末には、『太史公書』を著して「後世の聖人・君子を俟（ま）つ」と記されている。この字句は、『春秋公羊伝』哀公十四年の「春秋の義を制して、以（もっ）て後聖・君子を俟つ」を踏まえている。司馬遷が『春秋』を継承して『太史公書』を著し、それを後王に伝えようとしたことは明らかなのである。司馬遷の外孫で春秋学を修め、『太史公書』を世に広めた楊惲（ようらん）は、『太史公書』を『春秋』である、と認識している。

　しかし、司馬遷は、自ら『太史公書』を『春秋』ではないと明言していた。『春秋』であれば、漢の滅亡を予感し、後王のために『太史公書』を著したことになり、漢への誹謗（ひぼう）となるためである。『太史公書』が『春秋』であるか否かを考える際に重要なことは、司馬遷の言う「史の記」と『春秋』の「行事」との関係である。『春秋』の「行事」は、魯国の「史の記」〔史官の記録〕に書かれていた往時の記録であり、それに「空言」である「春秋の義」を加えて是非を弁じたものが、孔子の『春秋』である。司馬遷が『太史公書』を『春秋』ではない、と言うのであれば、『太史公書』は「空言」に当たる「春秋の義」を示していない、すなわち、是非を論じていない、ということになる。

　ところが、『太史公書』は、「太史公曰く」として、自ら集め著した「史の記」に是非を加えている。それは、項羽本紀ですでに見た。『太史公書』は、『春秋』である資格を備えている。ただし、

『太史公書』は、故事を述べ、世伝を整理しただけで「作」ってはいない。すなわち『春秋』のように「制作」してはいない。このため、『太史公書』は『春秋』ではない、と司馬遷は言うのである。

だいぶ苦しい弁明であるが、『太史公書』を『春秋』にしないための努力は他にもある。司馬遷は、北宋（九六〇～一一二七年）の司馬光が著した『資治通鑑』のように、『春秋』を書き継いで戦国時代（前四〇三～前二二一年）から始めることも、編年体という『春秋』の体裁を踏襲することもなかった。それでも、『太史公書』は、「史の記」にはとどまらず、『春秋』の継承書としての性格を明確に有している。それはなぜであろうか。

発憤著書

古来、『太史公書』の執筆動機として「発憤著書」を挙げることは多い。太史公自序にも、「発憤著書」に相当する記述はあるが、ここでは『漢書』司馬遷伝に記される「任少卿に報ずる書」から挙げよう。李陵を弁護した罪を贖うため宦官となった司馬遷に、旧友の任安が出した、武帝の側近として賢者を推挙せよ、と責める書簡への返書である。

> （わたしが宦官として）隠忍して生き長らえ、糞土に塗れても生きる理由は、自分の心の中に言い尽くして無いことのあるのが心残りで、①このまま死んで文章が後世に顕れないのを恥じるからです。むかしから富貴な人でも名が摩滅した者は、数えきれません。ただ卓越した非凡な人だけ

が、今も名を称えられます。思うに（周の）文王は捕らえられて『周易』を演べ、②仲尼〔孔子の字〕は災厄にあって『春秋』を作り、屈原は追放されて「離騒」を賦み、左丘明は失明して『国語』を書き、孫子〔孫臏〕は足を切られて『兵法』を編み、呂不韋は蜀に遷されて『呂覧』〔呂氏春秋〕を伝え、韓非は秦に捕らえられ「説難」「孤憤」〔『韓非子』の篇名〕を書き、『詩経』三百篇は、多く聖賢が発憤して作ったものです。……

（これらの書はかれらが）③退いて書巻を論じその憤を述べ、思いを空文に託して自ら世に示したものです。④僕も秘かに不遜ですが、近ごろ自ら無能の辞に託して、天下の散逸した旧聞を網羅し、これを行事により、その成敗・興亡の理を考えること、凡そ百三十篇（の『太史公書』を著そう）としております。⑤これにより天と人との関係を究め、古今の変化に通じ、一家の言を成そうしているのです。事を始めて完成しないうち、たまたまこの禍いに会い、それが完成しないことを惜しんで、極刑を受けても怒りの色を見せなかったのです。僕がこの書を完成して、これを名山に隠し、これを（僕の）志を理解してくれる人や天下の村や町に伝えることができたなら、⑥僕は先の辱の責めを償うことができ、刑死されたとしても、悔いることはありません。

（『漢書』司馬遷伝）

司馬遷は、自らが恥辱を耐えて生き長らえ、牢獄に幽閉されることを甘受した理由について、自分の心の思いを実現できていないことに加えて、①「死んで文章が後世に顕れない」ことへの恐れを挙げている。書き下し文で示すと「世を没へて文采の後に表れず」となるように、すでに何度が掲げた

『論語』衛霊公篇を踏まえた文章である。そして、『太史公書』を完成すれば、⑥「先の辱の責めを償うことができると結んでいる。

こうした著述意識は、すでに挙げた孔子世家に描かれる孔子のそれと同じである。司馬遷は『太史公書』の著述を孔子の『春秋』制作に準えているのである。それは、②「仲尼は災厄にあって『春秋』を作」ったとするほか、発憤して書を著した多くの者たちの営為を述べる中で、かれらが③その「憤」を述べるだけではなく、「思いを空文に託して自ら世に示した」と理解することにも明らかである。

司馬遷の憤は、「天道 是か非か」という、伯夷伝の問いかけとして表現されていた。この言葉には、司馬遷自身が、李陵の弁護という正しい行為をしながらも、宮刑という屈辱的な刑罰を受けたことへの悲痛な思いが根底に置かれている。悲劇に発憤して書を著す中、その思いは『春秋』では「春秋の義」として表現される「空文」へと昇華していく。司馬遷自身も、④「行事により、その成敗・興亡の理を考え」て、「空文」を述べた。「空文」は「空言」と同義である。「行事」により「空言」を述べることは、『春秋』の特徴であった。「発憤著書」という執筆動機から考えても、司馬遷の『太史公書』は、『春秋』の継承である。

それでも、司馬遷はすでに見たように、『春秋』を継いで『太史公書』を「作」ったとは言わない。⑤「天と人との関係を究め、古今の変化に通じ、一家の言を成」した、と述べるにとどまる。自らを制作者の高みには置かず、かと言って、『太史公書』は単なる「行事」の記録である「史の記」でもない。司馬遷は、『太史公書』を「行事」から「空言」を導くものとした。

このように、司馬遷の『太史公書』は、「史の記」ではない。是非を弁じない単なる記録ではないからである。しかし、『春秋』でもない。司馬遷は、自らを孔子と同様に制作を行う聖人の高みに置くことはなかったからである。『太史公書』は、「史の記」に加えて「太史公曰く」により是非を弁じた、『春秋』を継承する書なのである。

後漢の第二代皇帝である明帝は、班固に司馬遷の評価を問う中で、司馬遷が『太史公書』を著し、名を後世に揚げたが、「微文」〔春秋の筆法により遠回しに述べること〕により当世を謗ったことは正しくない、と批判する。明帝は、司馬遷の『史記』執筆の思想的な背景が春秋公羊学にあり、執筆目的の一つが、春秋の微言により武帝を批判することであると的確に理解していた。

このように後漢になると、『太史公書』が「史の記」にとどまっていないことは理解され、そして問題視されていく。『春秋』のように是非を論ずることが、国家への誹謗として批判されたのである。こうした批判の中から、『尚書』を継承して漢を賛美する班固の『漢書』が成立する。

また、『太史公書』が『史記』と呼ばれるようになった後漢末の霊帝期以降、『史記』に対する批判は、さらに強くなった。そもそも「史の記」ではない『太史公書』を『史記』と呼ぶことは、「史の記」を題材に是非を弁じた『太史公書』の「太史公曰く」を否定することになる。それは、「太史公曰く」が必ずしも儒教、あるいは漢を最高の価値としていないことにも起因する。後漢「儒教国家」〔後漢の章帝期に儒教は国教化され、儒教の経義により政策が正統化された。渡邉義浩『後漢国家の支配と儒教』雄山閣出版、一九九五年を参照〕では、『太史公書』に『春秋』的な要素を認めず、単なる「史の記」として把握しようとする人も多かった。それが『史記』という名称が普及した背景であろう。

　こうして司馬遷の著書は、事実に基づいて、是非を論ずる「太史公曰く」の部分が軽視されることにより、『太史公書』という思想書から『史記』という歴史書へと、その受け取り方は変わっていったのである。『史記』は、こうして司馬遷の意図とは異なる歴史書となったのである。

3 『漢書』と『尚書』

班固の『漢書』

後漢の班固が著した『漢書』は、本紀十二巻・列伝七十巻・表八巻・志十巻の百巻よりなり、前漢の高祖劉邦から王莽に至る時期を扱う。ただし、王莽は列伝として扱い、その即位を認めない。『漢書』は、父の班彪が司馬遷の『史記』を書き継いだ『後伝』を起源とする。班彪の叔父班斿は、漢の宗室である劉向と共に、秘府〔宮中の書庫〕の校書〔本の校勘と整理〕にあたり、朝廷から『史記』を含めた秘府の副本を下賜されていた。それが執筆を可能にした条件であった。

　班固は、父の死後、『後伝』の続修を始めたが、「家で国史を改作している」と密告され、獄に繫がれ、著作と蔵書を没収される。史書は、国家が編纂すべきものとされていたのである。西域の平定に活躍していた弟の班超が兄を救うべく上書で請願し、後漢第二代皇帝の明帝が著作の出来ばえに感心したこともあって、班固は釈放された。そして、改めて明帝の命を受け、班固は『漢書』の本格的な執筆を開始する。以後二十年の歳月を費やして、章帝の建初年間（七六～八四年）に、『漢書』は一応の完成をみた。

一方で、班固は、章帝期に天下の儒者が、国制のあり方や社会規範に対する五経〔『詩経』・『尚書』・『春秋』・『周易』・『礼記』〕の解釈について討議した白虎観会議の記録を『白虎通』にまとめている。この書は、後漢「儒教国家」の教科書と呼びうるほど普及した。儒教の国定教科書をまとめられるほど、班固は儒教に精通していたのである。また、大将軍の竇憲に従い、北匈奴の討伐にも従軍している。しかし、永元四（九二）年、和帝が、専権を振るう竇憲を誅殺すると、それに連座して獄死した。未完であった八表と天文志は、妹の班昭と馬続が完成したという。

『漢書』の特徴は、価値観の中心に儒教を置くことにある。そのために、前漢の全盛期である武帝のときに、董仲舒の献策により、太学に五経博士が置かれ、諸子を退け、儒教を一尊することが定められたという事実とは異なる記述をしている〔福井重雅『漢代儒教の史的研究』（汲古書院、二〇〇五年）を参照〕。そこには、漢の宗室として儒教を尊重した劉向・劉歆父子に、大きな影響を与えた董仲舒を顕彰すると共に、前漢全盛期の武帝が儒教を国教化したと描こうとする班固の意思に基づく「在るべき」国家像の提示がみられる。『史記』と同様、『漢書』も本来、歴史書ではない。

このほか『漢書』の律暦志は、劉歆の三統暦の精緻な構造を記録し、五行志は、董仲舒・劉向・劉歆の災異への解釈を掲げる。また、古今人表は、董仲舒学派の性三品説に基づいて、人物を九等に分類している。このように、董仲舒を儒教の祖とし、それを継承する劉向・劉歆を尊重することは、『漢書』の最大の特徴である。

そのため『漢書』は、漢堯後説に基づき、漢の正統性を説く。漢堯後説は、『春秋左氏伝』を論拠に、漢室を堯の末裔とする説で、劉歆が漢火徳説と共に主張した。漢火徳説は、相生の五徳終始説〔万物が木→火→土→金→水→木……と移り変わる〕に基づき、同じく『春秋左氏伝』により古帝王の系譜に少昊を入れることで実証される。漢堯後説による漢の正統化は、すでに班彪の「王命論」にも見られるが、『漢書』は高祖本紀の賛で次のように漢堯後説を述べている。

> 漢は堯の前運を受け継いで、帝王としての徳を盛んにした。……漢の旗幟〔旗とのぼり〕は赤を尊んでおり、五行のうち（赤をシンボルカラーとする）火徳に相応しく、そのように自然と表現された応報によって、天下を統治する帝王となった。
>
> （『漢書』高祖本紀）

漢の建国を漢堯後説と漢火徳説により正統化することからも、『漢書』が、劉歆の影響下に編まれた著作であることを確認できるのである。

諸侯の『春秋』と王者の「典・謨」

班固は、『漢書』を著す際に、何を模範としたのかについて、叙伝の中で次のように述べている。

> 固が考えますに、唐〔尭〕・虞〔舜〕・三代〔夏・殷・周〕のことは、『詩経』・『尚書』に記されることで、代々記録があります。尭・舜は盛んな徳を持っていたとはいえ、①典・謨の諸篇があって、はじめて名声を後世に揚げ、徳を百王の冠とできたのです。このため（『論語』泰伯篇に）、②「巍巍乎として其れ成功有り、煥乎として其れ文章有り（〈尭の統治は〉高大であり功績があった。輝かしく文化と制度を立てた）」と言うのです。漢は尭の命運を継いで、帝業を建てましたが、六世（の武帝）に至って、史臣（の司馬遷）がようやく功徳を追述し、私的に本紀を作りましたが、百王〔多くの王たち〕の末に編み入れて秦（の始皇帝）や項羽の列に並べ、太初年間（前一〇四～前一〇一年）より以後は、欠けて記録がありません。そこで③前代の記録を探り選び、伝聞したことを綴り輯めて、『漢書』を述べました。
>
> （『漢書』叙伝）

この文章は、父である班彪の「略論」を継承して書かれている。ただし、三代の後、班彪が、諸侯ごとに史書があり、魯のそれが『春秋』であると論を展開することに、班固は従わない。漢の君主は、皇帝であり、諸侯ではないからである。したがって、「漢の書」の模範とすべきものは、尭・舜の「名声を後世に揚」げた①「典・謨の諸篇」である。「典・謨」とは、『尚書』の堯典篇・舜典篇のほか、大禹謨篇・皐陶謨篇・益稷篇を指す。最初の二篇が、堯・舜の事跡を記録している。班固は、『漢書』の模範を『尚書』の「典・謨」に求めているのである。『漢書』という書名は、「漢」の『尚書』〔通常は『書』と呼ぶ。『書経』と呼ぶのは南宋以降〕という意味となる。

続けて班固は、『論語』泰伯篇の②堯の「成功」は『尚書』堯典篇という輝かしい「文章」によって伝えられたという、孔子が文章の重要性を説く章を引用する。漢は、堯の命運を継いで、帝業を建てたにも拘らず、武帝の「史臣」司馬遷が私的に本紀を作り、漢を百王の後に置き、秦や項羽と同列視した。班固は、このため『漢書』を③「述」べた、というのである。「述」という文字は、『論語』述而篇にある、孔子は「述べて作ら」なかったという文章を踏まえている。自らの著述を孔子のそれに準えているのである。

孔子が、堯の功績を「述」べたものは、『春秋』ではなく『尚書』である。班固は、孔子が堯から秦までを百篇の『尚書』に述べたと『漢書』藝文志〔目録〕でも明記する。班固が高祖（劉邦）から王莽までを『尚書』と同じ百巻の『漢書』に「述」べたのは、このためである。漢堯後説によれば、高祖は堯の末裔だからである。班固は、『史記』はもとより、父班彪の『後伝』が『春秋』を書き継ごうとしたことを「諸侯」の史書にすぎないとみなし、『尚書』を継承して『漢書』を述べた。それは孔子の『尚書』編纂に匹敵する営為であった。

また、班固は、堯の典〔常法〕を漢が受け継ぎ、それを引き伸ばしたことを称える賦〔典拠を駆使した美文〕である「典引」においても、尭の徳を称える。具体的には、尭の後裔である漢のために、孔子が法を準備したことを次のように表現している。

> 上は天の法則を考え、下は龍翼〔稷や契ら優れた輔佐の臣〕を受け、それが①典・謨に明らかにされ、徳の冠首として卓絶する者は、②陶唐〔尭〕より尊いものはない。陶唐はその子に伝えず、有虞〔舜〕に譲った。……天はその功績を元首（の尭）に帰し、③（尭の後裔である）漢の劉氏に授けようとした。……（漢が天下を支配するのは）天命を受けた正統の天子であり、謙譲の徳のある尭の後を継ぎ、火徳のよき精を蓄え、④孔子が述べた教えを受け継いだためである。広大にして盛んな漢の徳は、まことに帝王の優れた道であり、⑤誥・誓も及ばないものである。
>
> （『文選』符命 典引）

班固は、このように漢の正統性を言祝いでいる。すなわち、②尭が受けた天の法則と優れた輔佐の臣下は、『尚書』の①「典・謨」に明記されている。孔子は、それを③漢の劉氏に授けようとした。そして、孔子が『尚書』を編纂して、尭の徳を④漢へと受け継いだことで、漢は天下を支配できた。その漢の盛徳は、⑤「誥・誓」〔典・謨に続く『尚書』の諸篇〕に記された諸王も及ばない、というのである。そうであれば、尭にも比肩する漢の盛徳を後世に伝えねばならない。そのために述べられたものが、『漢書』なのである。

班固の『漢書』は、『尚書』の「典・謨」を継承するものである。たとえ『尚書』であっても

「誥・誓」などでは及ばない、後の帝王の儀法とすべき、漢の「帝王の優れた道」を伝える漢の「尚書」が『漢書』なのであった。『漢書』各巻の末尾に記される班固の言葉が、『春秋』の「君子曰く」や、その流れを汲む『史記』の「太史公曰く」という批評ではなく、「賛」として表現されることは、『漢書』の規範性を端的に物語る。

『史記』への批判

これに対して、そうした規範性を持たない司馬遷の『史記』について、班固は、次のように批判している。

> いにしえに文字が作られてより史官は存在し、その文献は多い。①孔子はこれを編集し（て『尚書』をつくり）、上は尭から始め、下は秦の繆公までを書いた。尭・舜以前は、遺文があるとはいえ、その言葉は経典とは異なる。このため（司馬遷は）黄帝・顓頊のことを述べたが、明らかではない。②孔子が魯の史官の記録により『春秋』を作るに及び、左丘明はそれが基づくことを論じ集めて『（左氏）伝』をつくり、また異同を撰して『国語』をつくった。……司馬遷は、『左氏伝』・『国語』に拠り、『世本』・『戦国策』から取り、『楚漢春秋』を引き、その後を続けて、天漢年間（前一〇〇～前九七年）までを書いた。その記録は秦と漢に詳しい。（しかし）経書とその伝から取る際に、数家の記事を分散して用い、③たいへん間違いが多く、あるものは矛盾してい

る。……④大道を論じては黄老を先にして六経を後にし、遊侠を序列しては処士を退けて姦雄を進め、貨殖を述べては権勢と利益を尊重して貧賤を恥じた。これが（司馬遷の）蒙昧な点である。

（『漢書』司馬遷伝）

班固がここで、孔子の編纂書として①『尚書』だけではなく、②『春秋』をも取り上げるのは、父班彪の司馬遷評価を継承しているためである。父は『春秋』を重視したが、班固は、『尚書』こそ、古の史官が残し、孔子がそれを編纂した史書であることを重視する。①「上は尭から始め、下は秦の繆公」に終わる『尚書』の記述範囲こそが、信頼できる記録であり、それより以前は経書と異なる、と否定される。班固が『尚書』を尊重していることは明らかであろう。

また、班固は、司馬遷の著書に③誤りが多いことと、④黄老思想〔老子と法家を折衷した思想。前漢初期から武帝期まで最も尊重された思想〕を尊び六経〔五経に楽経を加えた呼び方〕を軽んずるなど、儒教を価値基準の中心に置かないことを批判する。このため『漢書』は、資料・作品を原文どおりに誤りなく掲げ、人名・地名表記を統一し、紀伝体の体裁を整えたうえで、何よりも儒教を価値基準の中心に置く。なかでも前漢武帝の時に、董仲舒の献策により、太学に五経博士が置かれ、諸子を退け、儒教を一尊することが定められた、と記載することには、前漢が儒教を国教としていたと描こうとする意図を見ることができる。

たとえば高校の世界史の教科書にも明記されていたように、長らく、班固の記述に基づき、董仲舒の献策による儒教の国教化は、史実と考えられてきた。しかし、『漢書』が事実を客観的に記すことを第一に尊重する史書ではなく、『尚書』を模範とする、漢の「在るべき姿」を記した書であることを理解すれば、武帝期には儒者出身の宰相・大臣がほぼいないこと、董仲舒の献策のなかに当時知られていなかった地名が含まれていることなどの理由が了解されよう。班固は、『史記』の董仲舒伝に、『董仲舒書』などの董仲舒学派の書を加えることで、儒教を国教化した大学者董仲舒という虚像を在るべき姿として『漢書』に記したのである。

このように班固は、『尚書』に匹敵する「漢の書」として『漢書』を著した。班固は、自らを孔子にも準えるべき者と位置づけたうえで、『尚書』を継承して『漢書』を「述」べたのである。そうした『尚書』の継承をさらに明確に示すものが、『漢書』王莽伝である。

王莽伝と『尚書』秦誓篇

班固の『漢書』において、王莽伝は特殊な地位にある。列伝であるにも拘らず、体裁は本紀なのである。本紀と同様、王莽伝は年代記として編纂され、王莽の詔・制・令・書〔天子の文書、詔が最も格上〕のみならず、孺子嬰〔前漢最後の天子〕に対して漢の天命が尽きたことを述べる策命〔文書の種類の一つ〕までもが掲載されている。

班固はなぜ、前漢の断代史〔一つの国家に時代を限定して書く史書〕である『漢書』の最後に、前漢を滅ぼした王莽の伝記を本紀の体裁で掲げたのであろうか。ここには、『漢書』による『尚書』の篇構成の継承を見ることができる。結論的に言えば、王莽伝は、『尚書』の秦誓篇に当たる。

『尚書』の末尾である秦誓篇は、晋の襄公に殽で敗れた、秦の穆公による悔恨の誓辞であり、他の誓とは形式と内容を異にしている。秦誓篇の結論は、「邦の不安は、（それを支配する）一人（の邪悪）により、邦の繁栄も、また一人の善福による」という最後の一文にある。この文言を『漢書』王莽伝の賛も踏まえているのである。

王莽への賛は、王莽を賛美した者への批判から始まる。班固は、王莽が外戚〔皇帝の母方の一族〕として高位にあり、国家のために勤労し、道を修めたので、称えられることもあった、と王莽にも評価すべき点があったことは認める。だが、たとえば揚雄〔前漢の文人。「劇秦美新」を著して王莽を賛美した〕のように、王莽を賛美することは、『論語』顔淵篇にいう「聞」と「達」の違いを弁えぬ所業であると批判する。王莽が「聞」〔見せかけの名声を持つ者〕であることを見抜けなかった、というのである。そのうえで班固は、王莽は「時」を得ることで、皇帝位を盗むことができただけであるとする。四人の伯父〔王鳳・王音・王商・王根〕が相継いで政権を掌握して、成帝・哀帝・平帝に子がなく、伯母の王太皇太后は長命であった。これらが王莽の得た「天の時」である。

しかし、王莽の皇帝位は、正統性がない。そのため転覆の動きは、夏・殷を自滅させた桀王・紂王よりも激しい。それなのに王莽は、自ら黄帝・虞舜の再現と称し、暴虐の限りを尽くして、中華のみならず夷狄にまでその争乱を及ぼした。このため、内外は恨み憤り、遠近が共に立ち上がって王莽を打倒したのである。古からの文献に伝えられた「乱臣・賊子」のなかで、王莽ほど禍いと失敗を齎した者はなかった。班固は、このように王莽の生涯を総括したのち、秦と王莽とを比較する。この記述から、『漢書』と『尚書』との関係を考えることができる。

> むかし秦は『詩経』・『尚書』を焼いて私議を立て、王莽は六経を暗唱しながら姦言を飾った。その帰する所は（滅亡という）同じものであったが、やり方を異にして共に滅亡した。無徳で高位に居るものは、天命を全うできない定めである。紫色（のような中間色）や蛙のような淫らな声、余分の閏位〔五行相生に呼応しない国家〕は、聖王〔高祖劉邦と光武帝劉秀〕によって駆除されたのである。
>
> （『漢書』王莽伝）

班固はこのように、王莽を秦と並べて批判する。その際、貫かれているものは、『尚書』秦誓篇の「邦の不安は、（それを支配する）一人（の邪悪）により、邦の繁栄も、また一人の善福による」という論理である。すなわち、漢は、王莽という一人の邪悪な者により滅ぼされ、光武帝という一人の善福により後漢として復興した。しかも、漢という国家を建設したのも、前漢の高祖という一人の「聖王」による。このように『尚書』が、堯という一人が中華の基本を築きあげるところから、秦の穆公という一人が敗戦を悔やむことまでを描いているように、『漢書』は、高祖という一人が漢の基本を築きあげ、王莽という一人が漢を滅ぼすまでを述べているのである。

王莽伝は、『尚書』秦誓篇と同じく、悔恨の篇として前漢の『尚書』である『漢書』の最後に置かれた。それを明らかにするために、本紀の体裁を取って「誥・誓」であることを示し、詔や策命を記して悪の見本としたのであろう。

4 『漢書』と「古典中国」

漢の賛美

このように『漢書』は、『尚書』を継承して「漢の書」を述べた。それは、『史記』の八書〈制度史〉と比較した際、新たに加えられた『漢書』の十志〈制度史〉が、刑法志〈『尚書』呂刑篇に匹敵〉・五行志〈『尚書』洪範篇に匹敵〉・地理志〈『尚書』禹貢篇に匹敵〉、そして劉歆の「七略」〈図書目録〉を踏襲した藝文志であることからも窺えよう。さらに、『史記』を踏襲する食貨志〈経済史〉も、冒頭は「洪範の八政に、一に食と言い、二に貨と言う」と『尚書』洪範篇を引き、郊祀志〈祭祀史〉の冒頭も、「洪範の八政に、三に祀と言う」と、『尚書』による意義付けが行われている。

班固が『尚書』を継承したことは、明らかである。

班固は、父も司馬遷も尊重した『春秋』ではなく、帝王の書である『尚書』を尊重した。その背景の一つには、『春秋左氏伝』が王莽の国政運用に利用されたことへの嫌悪があろう。『史記』への反発の理由も、王莽が司馬遷の後裔を探して「史通子」に封建したことに求めてもよい。あるいは逆に『尚書』の尊重理由に、光武帝が太学で『尚書』を専門に学んだことを挙げてもよいであろう。

それよりも重要なことは、両者の経典としての性質の違いである。『春秋左氏伝』は、春秋時代（前七七〇～前四〇三年）を賛美するためではなく、春秋時代を題材に「君子曰く」などの評により、時代への毀誉褒貶を明らかにし、それを鑑に現世を警告するために書かれた。これに対して、『尚書』は、聖王の言葉を書き留めることにより、聖王の御世を賛美し、それを現世の規範とするために書かれた。漢を聖王の御世と位置づけたい班固が、『尚書』を継承するのは当然のことであった。

こうした執筆意図を持つ『漢書』は、今日的な意味での正確な史実を述べる必要性を持たない。後漢を筆頭とする後世が、鑑戒とすべき「在るべき姿」として、前漢を描いた。繰り返すが、班固が武帝期の儒教が国教化されたとするのは、そのためなのである。

『漢書』と古典中国

『漢書』が描こうとした儒教に基づく国家の在り方は、後漢の章帝期の白虎観会議により、その姿を具体的に規定されていた。班固は、白虎観会議の内容を『白虎通』という書物にまとめている。「古典中国」と名付くべき国家と社会の規範型が、儒教の経義に基づき構築された、白虎観会議の内容を今日に伝える者も、班固なのである。

中国は、自らが生きる国家や社会が限界を迎えるとき、「古典」とすべき中国像を持っていた。そうした「古典」とすべき中国の国家や社会の規範を「古典中国」と呼ぶのであれば、中国の歴史は、「古典中国」が成立するまでの「原中国」（先秦）、「古典中国」の成立期（秦から唐）、「古典中国」の展開期である「近世中国」（宋から清）、「古典中国」を直接的には規範としなくなった「近代中国」（中華民国以降）に時代区分することができる。

「古典中国」は、「儒教国家」の国制として後漢の章帝期に白虎観会議により定められた中国の古典的国制と、それを正統化する儒教の経義により構成される。こうした理想的国家モデルの形成に大きな役割を果たした王莽の新〔莽新〕は、わずか十五年で滅びた。それにも拘らず、莽新を滅ぼした後漢は、王莽の国制を基本的には継承し、それを儒教の経義と漢の国制とに擦り合わせ続ける。その結果、後漢で成立した「古典中国」は、儒教の経義より導き出された統治制度・世界観・支配の正統性を持つに至るのである。「古典中国」の基礎が王莽によって創られたことを隠蔽し、それが前漢においてすでに構築されつつあったと描くことは、班固の『漢書』執筆の主目的であった。

このため、『漢書』に描かれた人物像は、董仲舒のように『史記』のそれとは往々にして異なる。たとえば、前漢の建国者である劉邦は、『史記』では儒者の冠に小便をかける無礼な男であるが、『漢書』では儒教的な人物としての劉邦像が描かれる。また、黄老思想を最も尊重した文帝も、儒教的に表現されている。そして、董仲舒もその一人である武帝期の儒者たちも、『史記』に比べて理想的に、政治的にも重要であったように描かれているのである。

班家には、朝廷から下賜された秘府の副本があった。『漢書』藝文志〔図書目録〕に名だけが残る

『高祖伝』や『董仲舒書』といった儒家の著作を班固は読むことができた。福井重雅『漢代儒教の史的研究』（汲古書院、二〇〇五年）が、『董仲舒書』から董仲舒の儒教の国教化論が作られたと主張するように、班固は、それらを利用して、劉邦や文帝、あるいは董仲舒などの儒者を儒教的に描き直しながら、武帝こそ「儒教国家」漢の基を築いた皇帝である、と位置づけた。それは、「古典中国」の形成に大きな役割を果たした者を王莽ではなく、武帝へと位置づけ直すことで、前漢よりすでに漢が「古典中国」であったことを示すためである。

日本では人気の高い『史記』を抑えて、中国では長らく『漢書』が、正史を代表する史書と尊重された理由は、班固が中国の規範とすべき「古典中国」を『尚書』のような規範として『漢書』に描いたためなのである。

第二章　『三国志』と『続漢書』

正統の所在と鑑としての歴史

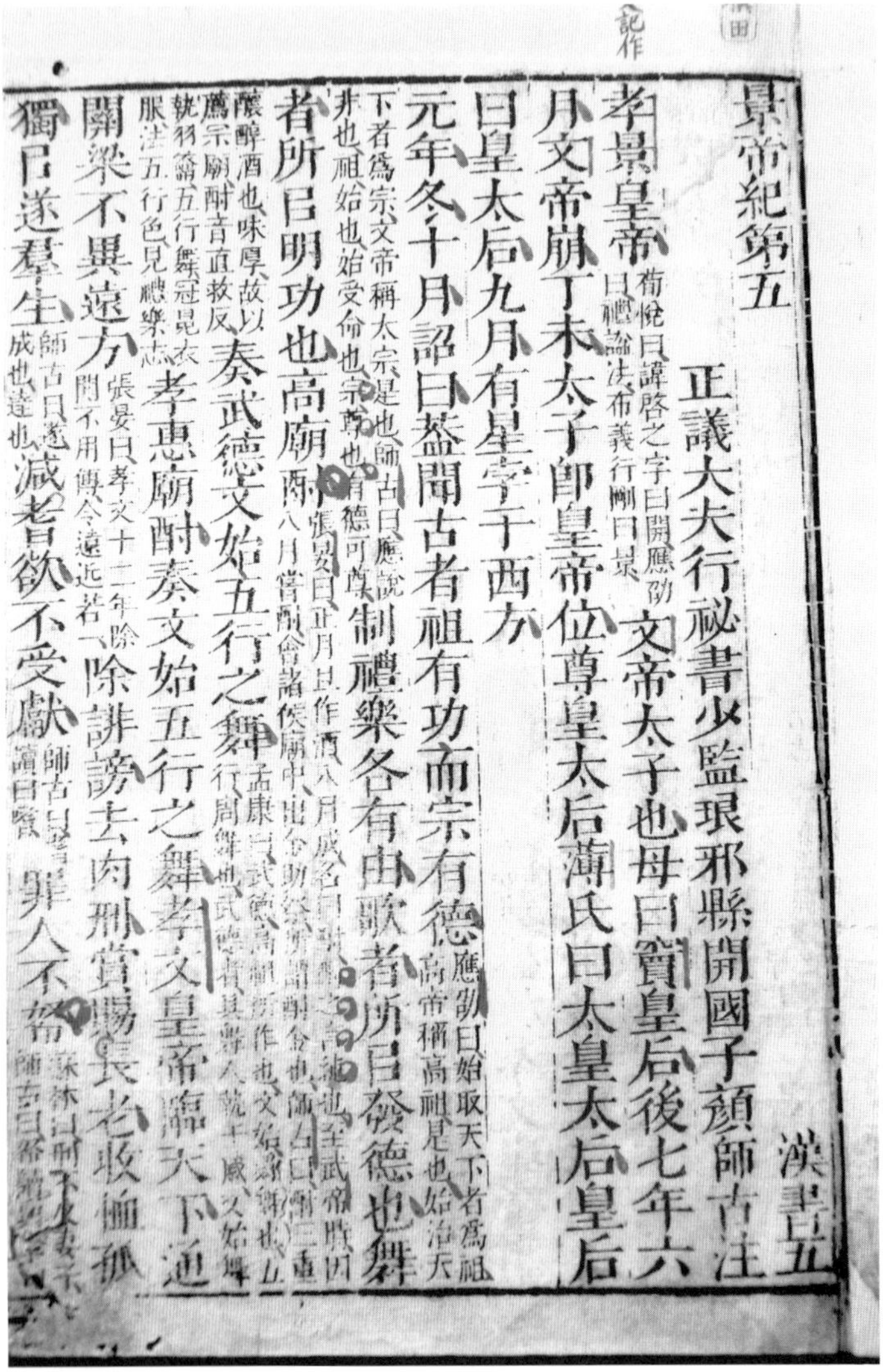

景帝紀第五　　漢書五

正議大夫行祕書少監琅邪縣開國子顏師古注

孝景皇帝 荀悅曰諱啓之字曰開應劭曰禮諡法布義行剛曰景 文帝太子也母曰竇皇后後七年六
月文帝崩丁未太子即皇帝位尊皇太后薄氏曰太皇太后皇后
曰皇太后九月有星孛于西方

元年冬十月詔曰蓋聞古者祖有功而宗有德 應劭曰始取天下者為祖高帝稱高祖是也始治天下者為宗文帝稱太宗是也師古曰應說非也祖始也始受命也宗尊也有德可尊
制禮樂各有由歌者所以發德也舞
者所以明功也高廟酎 張晏曰正月旦作酒八月成名曰酎酎之言純也至武帝時因八月嘗酎會諸侯廟中出金助祭所謂酎金也師古曰酎三重釀醇酒也味厚故以薦宗廟酎音直救反 奏武德文始五行之舞 孟康曰武德高祖所作也文始舜舞也五行周舞也武德者其舞人執干戚文始舞執羽籥五行舞冠冕衣服法五行色見禮樂志 孝惠廟酎奏文始五行之舞孝文皇帝臨天下通
關梁不異遠方 張晏曰孝文十二年除關不用傳令遠近若一 除誹謗去肉刑賞賜長老收恤孤
獨以遂羣生 師古曰遂成也達也 減耆欲不受獻 師古曰耆讀曰嗜 罪人不帑 蘇林曰刑不及妻子 師古曰帑讀與孥同

『漢書』（明・汲古閣本）　大きな文字が本文で、割注が顔師古注である。

1 二つの予言と蜀学

なぜ「三国」志なのか

後漢「儒教国家」の滅亡により、儒教一尊の価値基準は弛緩した。また、後漢末より『太史公書』が『史記』と呼ばれたように、経書や子書〔哲学書〕と史書を分ける意識が広がり、史書が「国史」として国家に専有されることもなくなってきた。これに伴い三国（二二〇～二八〇年）から西晉（二六五～三一六年）にかけて、多くの私撰の後漢・三国を描く史書が著されたが、まとまった形で今日まで伝わるものは、陳寿の『三国志』と司馬彪の『続漢書』だけである。

西晉の陳寿が著した『三国志』は、後漢の混乱期から、魏（曹魏、二二〇～二六五年）・蜀（蜀漢、二二一～二六三年）・呉（孫呉、二二九～二八〇年）の三国鼎立、そして西晉による三国統一までを扱う。『史記』『漢書』『後漢書』とあわせて「前四史」と称され、正史の中でも良く読まれた本である。

『三国志』は、魏書三十巻・蜀書十五巻・呉書二十巻より構成されることに、最大の特徴がある。こうした体裁を取ることについて、清（一六四四～一九一二年）の朱彝尊は、「陳寿はひとり魏を呉と蜀に等しくし、その名を正して三国と言い、魏が正統ではないことを明らかにした」（『曝書亭集』陳寿論）と述べ、魏書だけに本紀を置きながらも、魏を正統と認めないために、陳寿が「三国」の史

〔三国志の志は史と同義〕として、『三国志』を著したことを看破している。

『三国志』が曹魏だけを正統とする史書であるならば、『魏書』として著せばよい。事実、王沈の『魏書』・魚豢の『魏略』など、曹魏からの視角のみで三国時代を記述する史書はあった。三国すべてに本紀を置くのであれば、魏書・蜀書・呉書という三部構成も納得できる。魏書のみに本紀を置くにも拘らず、なぜ陳寿は「三国」志という体裁で史書を編纂したのであろうか。

『三国志』も、書かれた当初から正史であったわけではない。『史記』から始まる紀伝体の史書を国家の正統性を示す史書として「正史」と呼ぶことは、唐から始まる。本紀〔皇帝の年代記〕と列伝〔臣下の伝記〕から成る「紀伝体」は、中国に複数の皇帝〔世界の支配者。本来は一人しか存在できない〕が濫立した時、誰を本紀に記すのかにより、正統を表現する。陳寿は、魏書三十巻・蜀書十五巻・呉書二十巻という三部構成で『三国志』を著しながらも、魏書にのみ本紀を設けた。それにより、曹操が基礎を築き、曹丕が建国した曹魏の正統を示したのである。蜀漢を建国した劉備も、孫呉を建国した孫権も列伝に記し、形式的には曹魏の臣下として扱っている。

しかし、これは、歴史事実とは異なる。劉備も孫権も皇帝に即位しているからである。「正史」は、正しい史実を記録することで「正史」と呼ばれるわけではない。歴史事実と異なる記録をしてまで、正統を示す史書である「正史」には、偏向が含まれる。その際、劉備と孫権をともに臣下としながらも、『魏書』という形式を取らず、蜀書・呉書との三部から成る『三国志』としたところに、後述する二つの讖文〔予言書〕を信ずる陳寿の苦心と工夫がある。本来は正統であるべき蜀漢の歴史を魏書に埋没させなかったのである。

このため魏書・蜀書・呉書は、それぞれ完結性を持つことになり、独立して刊行される場合もあった。日本の静嘉堂文庫は、南宋（一一二七～一二七九年）の初期に刊行された『呉書』を所蔵するが、その巻頭には呉書だけの目録が附されており、初めから呉書だけの単行本で出版されたことが分かる。

正統の表現

『三国志』は、陳寿が一から書き記した史書ではない。すでに散逸した王沈の『魏書』と魚豢の『魏略』を「魏書」、韋昭の『呉書』を「呉書」の藍本（元にした本）としている。それは、これらの書籍の一部が、『三国志』に付けられた裴松之の注や類書（一種の百科事典）に引用され、残っている部分と比較することで分かる。蜀書には、このような藍本はないので、陳寿自らが著したと考えてよい。

陳寿は、それらの先行する史書に加えて、西晉の史官として、国家が保管する皇帝の詔や制（命令書）、臣下の上奏文を見ることができた。詔・制は、陳寿のみならず、中国歴代の史官が原則として手を加えない。たとえば、「魏志倭人伝」と日本で呼ばれる『三国志』東夷伝 倭人の条の中では、卑弥呼を親魏倭王とする制書（皇帝から夷狄の王などを任命するための命令書）の信頼性が最も高いのは、書き換えてはならない部分だからである。

それでも陳寿は、どの記録を採用して、どの記録を伏せるのかという行為を通じて、あるいは「春秋の筆法」〔『春秋』の義例に従った毀誉褒貶を含ませた史書の書き方〕と呼ばれる歴史叙述の方法により、自らの思いを表現することができた。たとえば、同じく列伝に位置づけられても、劉備と孫権は同等には扱われてはいない。蜀漢の旧臣であった陳寿は、劉備の死去を「殂」、孫権の死去を「薨」と記して、差等を設けている。『春秋』の義例〔正しさの基準〕では、「薨」は諸侯の死去を表現する。すなわち、陳寿は「春秋の筆法」により、孫権が皇帝位に即いたことを否定しているのである。これに対して、曹魏の諸帝の死去には、原則「崩」の字を用い、正統な天子であることを示す。

一方、劉備の死去を表現する「殂」は、『尚書』を典拠とする、堯の死去だけに用いられる言葉である。劉歆の漢堯後説により、漢の皇帝は堯の子孫とされていた。このため、曹魏は、漢魏革命を堯舜革命〔堯から舜への理想的な禅譲〕に準えて正統化している。こうした状況下において、陳寿が劉備の死去を「殂」と表現することは、直接的には諸葛亮の「出師表」が劉備の死去を「崩殂」と記していることに依拠するとしても、劉備が堯の子孫、すなわち漢の後継者であることを「春秋の微意」〔明確に書かずに仄めかすこと〕として、後世に伝えようとしたからに他ならない。陳寿は、「春秋の筆法」により、蜀漢の正統を『三国志』に潜ませているのである。

陳寿と蜀学

陳寿は、益州巴西郡安漢県〔現在の四川省南充市〕に生まれ、字を承祚という。『晉書』陳寿伝によれば、西晉の恵帝の元康七（二九七）年に六十五歳で卒した。したがって、蜀漢の後主劉禅の建興〔蜀漢の元号。以下、三国時代は、その国ごとの元号を用いる〕十一（二三三）年の生まれとなる。諸葛亮の没する一年前のことである。陳寿は、同じ巴西郡の譙周に師事し、『尚書』・「春秋三伝」（『春秋左氏伝』・『春秋公羊伝』・『春秋穀梁伝』）を修め、『史記』・『漢書』に精通したという。『尚書』と「春秋三伝」は、儒教経典である。陳寿は、劉備の死去を『尚書』尭典に基づいて「殂」と表現することで、蜀漢が漢を継承していることを仄めかした。このように陳寿は、儒教経典を身体化して、儒教の規制内で史書を執筆した。また、劉備も孫権も息子に学ばせるほど評価の高かった『漢書』だけではなく、陳寿が『史記』にも精通しているのは、蜀学〔益州伝統の予言を中心とする儒教の系譜〕の掉尾を飾る師の譙周の学問を継承したためである。

譙周は、蜀学の特徴である讖緯の学〔予言書を中心に置く儒教〕を継承しており、蜀漢の丞相である諸葛亮に評価されて、蜀漢の勧学従事〔儒学の専門家〕となった。諸葛亮が曹魏への北伐の途上、五丈原で陣没すると、禁令が出る前に持ち場を離れ、ただ独り弔問に赴き、その死を嘆いた、と陳寿は記す。諸葛亮は、最先端の儒教である荊州学〔後漢末の荊州に興った新しい合理的な儒教、西晉の官学である王粛学の起源〕を修めていた。それにも拘らず、蜀学という古い、学統も異なる儒教を保護した。譙周は、そうした蜀学への対応をみせた諸葛亮を敬愛していたのである。

譙周の学問は、伝統的な蜀学が天文観測に努め、天象の変化によって予言を行うことに対して、歴史の中から予言を引き出すことに特徴を持つ。未来を知り、現在の生き方を考えるためには、経典に基づく過去の「正しい」歴史の認識が必要なのである。このため譙周は歴史を究めようとした。なかでも、三代〔夏・殷・周〕以前に対する『史記』の記述に疑問を持ち、歴史の始まりを明らかにするため『古史考』を著した。『古史考』は、上古史の中で『史記』が記述を始める黄帝ら「五帝」より以前の「三皇」を重視する。そして、諸説のある三皇の組み合わせの中から、譙周は、緯書〔前漢後半より作られた孔子に仮託する経典解釈書や予言書。後者をとくに讖緯書と呼ぶ〕を縦横無尽に駆使する後漢末の大儒鄭玄が注をつけた『尚書大伝』に依拠して「燧人・伏羲・神農」を三皇とした。それを『古史考』に著すことで、『史記』に欠ける五帝本紀以前の歴史を経学に基づき補おうとしたのである。

陳寿が、『漢書』だけではなく、『史記』を修めているのは、譙周の学問を受けたことによる。陳寿は、諸葛亮の文集である『諸葛氏集』、『三国志』のほかに、師の学問を受け継ぎ、『古国史』も著している。また、益州の地域史にも関心を抱き、『益都耆旧伝（益部耆旧伝）』を著したが、『三国志』以外の著作は散逸した。

二つの予言

譙周より受け継いだ蜀学の伝統は、陳寿が『三国志』の中心に二つの讖文〔予言文〕を置くことに最も明瞭に現れている。第一は、蜀学を修めた董扶が、劉備より以前に蜀に独立政権を樹立した後漢の宗室の劉焉に、入蜀を勧めるために述べた「益州の分野に天子の気有り」という讖文である。気とは、ここでは雲気のことで、異なった色の雲が沸き上がる地方〔ここでは益州、すなわち蜀〕から天子が出現するという。劉焉は、後漢の乱れた政治を見て、当初交州〔広東・広西省からヴェトナム北部〕で独立しようと考えていたが、董扶の言葉に動かされて益州牧〔州牧は州の行政・軍事・監察権を持つ支配者〕として赴任した。やがて、漢から独立した勢力となり、自ら天子を気取って、天子の儀礼を用いた。

陳寿は、劉焉がこの讖文に基づき、益州に入って天子に擬したことを厳しく批判する。そして、蜀学が伝えてきた「益州の分野に天子の気有り」という讖文は、劉備が即位する予言であった、と劉焉伝の評〔『史記』の「太史公曰く」に当たる陳寿による評語〕で説明する。そのために、劉焉の伝記を蜀書の冒頭、すなわち蜀の建国者である劉備の列伝の前という異常な位置に置いているのである。「春秋の筆法」では、通常とは異なる書き方がされている場合、そこには「春秋の微意」がある。

第二の讖文は、「漢に代はる者は当塗高」である。蜀学では、この予言は、「当塗高なる者は魏なり」という解釈と合わせて、伝えられていた。塗に当たって〔面して〕高いものは闕であり、闕とは象巍〔巍を象るもの〕だからである。曹操高陵から出土した遺物では、曹魏の魏は、「巍」の字を用いている。

本来は、前漢末の公孫述〔述＝塗〕のための予言であった「漢に代はる者は当塗高」は、こうして魏を指すと蜀学では考えられていた。陳寿の師である譙周が、季漢〔季は末っ子という意味、蜀漢のこと〕の最後の皇帝である劉禅に、曹魏への降服を勧めたのは、このためである。したがって、陳寿は、師の行動が正しかったことを証明するためにも、この二つの讖文を整合的に解釈しなければならない。

第一の讖文からは、季漢こそ「益州の分野に天子の気有り」という予言どおり、後漢を継承して成立した正統な国家である、という理解が導かれる。第二の讖文は、その季漢が、譙周の予言通り「漢に代はる者」である「当塗高」の曹魏に滅ぼされたことにより、その正しさが証明される。この二つの予言の正しさを証明するため、陳寿は、『三国志』の中に、二つの正統を組み込んだ。すなわち、後漢の正統を継ぐ季漢、季漢の正統を継ぐ曹魏である。蜀学に伝わる二つの讖文は、後漢→季漢→曹魏という正統の継承を導くものなのであった。

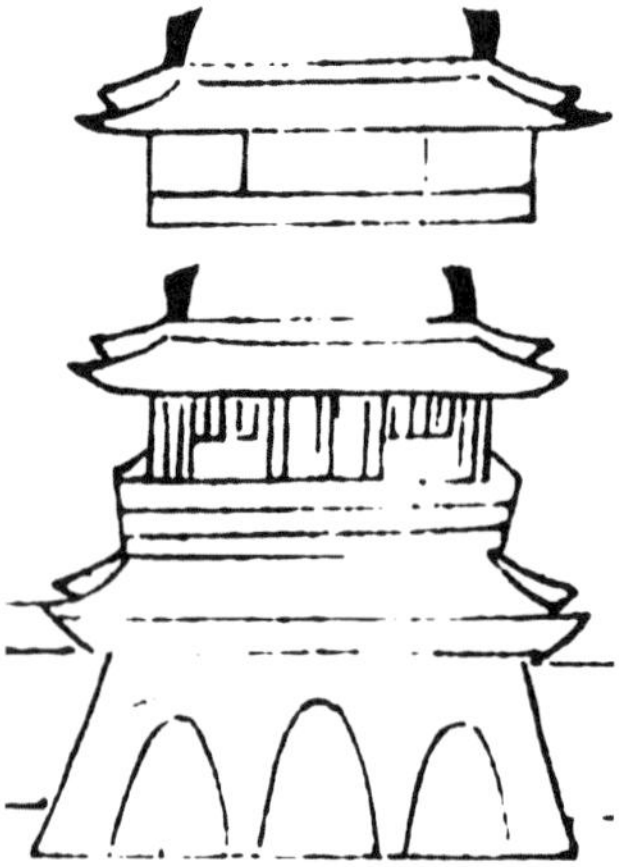

しかし、これを直書する〔諱まずに描く〕には、二つの問題があった。第一は、後漢→曹魏→西晉の正統を示すべき西晉の史家としての政治的立場であり、第二は、西晉における讖緯思想の禁圧である。陳寿は、第一については、曹魏のみに本紀を置きながら「三国」の史を別々に描くという体裁により対応し、第二については、劉焉への批判により讖緯批判に同調した。そして、劉焉を批判する「評」の中に、季漢の正統を潜めた。これらを可能にする体裁が、「三国」志であった。陳寿の『三国

闕　宮門の両脇に設置される台で、上が物見台となっている。

志』は、譙周より継承した蜀学に大きな影響を受けているのである。

『史記』の主題が「天道 是か否か」の問いかけへの答えにあり、『漢書』の主題が「漢の神聖化」にあるのであれば、陳寿の『三国志』の主題は、「正統の所在」にある。陳寿は西晉が「正」であり「統」である理由を天下が三分された過去から説明した。天は三つに分かれているわけではない。天下は三分しても、天命は一つであり、それは季漢と曹魏を経て西晉に繋がっていることを二つの讖文は示している、と陳寿は考えたのである。

2 西晉の正統性と倭人伝

陳寿を引き立てた者

譙周に学んだのちに、蜀漢に仕えた陳寿は、東観秘書郎など史書の編纂を職務とする官に就いた。『三国志』の蜀書の部分は、この間に蓄えられた知識に基づき著された。ただし、蜀漢という敗戦国の出身である陳寿が、『三国志』を著せたことには、理由がある。陳寿は、『三国志』の執筆以前、炎興元（二六三）年に蜀漢が滅亡すると、やがて西晉に出仕し、諸葛亮の文集である『諸葛氏集』を先に編纂している。これが、西晉の建国者である武帝司馬炎から高く評価されたのである。

司馬炎が、『諸葛氏集』を評価したことには、政治的理由がある。諸葛亮への評価は、亮の曹魏への侵攻を防いだ祖父司馬懿の功績の顕彰に繋がるのである。武帝の父司馬昭も、蜀漢を滅ぼした後に、諸葛亮が残した八陣の図や軍隊の運用方法を人を派遣して学ばせている。武帝は、諸葛亮の言説を編纂した陳寿を認めることで、政治的に諸葛亮、そしてそれを防いだ司馬懿を顕彰した。これが、曹魏の正統を受け継ぐ西晉において、旧蜀漢臣下の陳寿が『三国志』を執筆できた理由である。

『三国志』が完成すると、政権の中枢にあった張華はこれを高く評価し、「『晉書』を任せたい」と褒めた。班固・司馬遷にも勝るとその史才を評された陳寿は、平陽侯相に任命される。張華はさらに、陳寿を中書郎に抜擢しようとするが、実現しなかった。鎮南将軍の杜預も、陳寿を散騎侍郎に推薦したが、治書侍御史に就くにとどまった。のちに、母の喪で官を去り、遺言に従って母を帰葬しなかったことを不孝と貶しめられ、官から遠ざかる。やがて陳寿は、太子中庶子に任ぜられたが病死した。当事者の子孫が生き続ける中、現代史を描くことの難しさを知ることができよう。

張華は、学識があり、図緯〔予言〕と方伎〔占星・神仙〕を好み『博物志』を著している。陳寿は、譙周から讖緯を中心とする蜀学を受け、史官として天文にも通じていた。張華が好む学問を身につけていたと考えてよい。杜預は、春秋左氏学を極め、その著『春秋左氏経伝集解』は、現在でも『春秋左氏伝』解釈の決定版となっている。「春秋三伝」を修めた陳寿にとって、三伝の中で最も史学に近い左氏伝の大家である杜預は、仰ぎ見るべき存在であった。しかも、陳寿を推挙した張華と杜預は、いずれも三国の統一に力を尽くし、西晉による中国統一を武帝と共に成し遂げた人物なのである。二人が陳寿を高く評価したのは、曹魏を正統とする史書でありながら、『三国志』が曹魏を貶めてまで西晉の正統性を主張する著書であったことによる。

西晉の正統を語る

西晉の著作郎である陳寿にとって、西晉がその正統を継承した曹魏にのみ本紀を設け、三国の中で曹魏を正統とする体裁により史書を著すことは、史官としての責務であった。したがって、『後漢書』荀彧伝では、曹操が空の器を贈ったため薬を飲んで卒した、と明記する荀彧の死去について、『三国志』荀彧伝には、「荀彧は病気により寿春に留まり、憂いにより薨去した」と記すように、曹操に対する迴護〔筆を曲げて守ること〕があることは、清の趙翼の指摘するとおりである（『廿二史箚記』三国志多迴護）。

しかし、趙翼の指摘する七ヵ所の迴護のうち、曹魏の悪事の迴護が三ヵ所にすぎないように、曹氏への迴護は決して多くはない。むしろ、曹魏に対して遠慮のない記述も多い。たとえば、初代皇帝である文帝曹丕への評として、陳寿は次のように述べている。

> もしもこれに広大な度量を加え、公平な誠意によって励み、つとめて道義を志し、徳心を広くできたならば、上古の賢主であっても、どうしてこれに遠いことがあろうか。
>
> （『三国志』文帝紀　評）

このように『三国志』文帝紀の評において、陳寿は、曹丕の心の狭さを直書している。具体的には、曹丕が弟の曹彰・曹植との仲違いしたことを『三国志』任城陳蕭王伝の評で明記している。これに対して、曹魏で執筆された王沈の『魏書』は、曹植への弾劾に対する文帝の寛大な措置を語り、後継者争いのような不和の形跡を全く見せない。唐の劉知幾が、「『魏書』は、多く当時のことを諱み、実録ではない」（『史通』古今正史）と王沈の『魏書』を批判する理由である。これに比べれば、陳寿の『三国志』は、曹魏のために曲筆を行うことは少ない。

しかし、皇帝位に就いたまま司馬昭に殺害された曹髦の死を「崩」ではなく「卒」と表記し、その本紀での呼称を高貴郷公とするように（『三国志』三少帝紀）、西晋を建国した司馬氏の正統化を目指す曲筆は多い。禅譲の形を取ったとはいえ、西晋は武力により曹魏を奪っている。その際に標的とされたのは、曹魏を守るため司馬氏に抵抗した「忠臣」、見方を変えれば西晋の敵となった「逆臣」である。かれら司馬氏と対立した者について、陳寿は次のように評をつけている。

> みな大きな野心を抱きながら志は曲がり、災禍や困難を思わず、政変を起こすこと（弩の）引き金を引くようで、（敗退して）宗族は地に塗れた。誤り惑っていたと言えないであろうか。
> （『三国志』王毌丘諸葛鄧鍾伝）

陳寿は、このように司馬懿に殺された王淩、司馬師〔昭の兄〕に討たれた毌丘倹、司馬昭に平定された諸葛誕、反乱を起こした鍾会を志が曲がったものであると批判する。鍾会は異なるものの、王淩・毌丘儉・諸葛誕は、みな司馬氏の台頭に抵抗し、曹魏を守ろうとした曹魏の「忠臣」たちである。陳寿の『三国志』は、魏書にのみ本紀を設け、曹魏を正統とする体裁を取りながらも、司馬氏に反抗した者たちの曹魏への忠義を評価せず、逆に批判までしているのである。

このほか陳寿は、司馬氏の権力を奪おうとした曹爽と夏侯玄を批判し（『三国志』諸夏侯曹伝評）、司馬懿の権力掌握に協力した劉放と孫資への悪評に反論している（『三国志』程郭董劉蔣劉伝評）。ちなみに、劉放は、陳寿を抜擢した張華の妻の父である。このように『三国志』は、正統とする曹魏よりも、西晉の正統性を優先する史書なのである。それが、明瞭に表われるものが、日本の邪馬台国を記した『三国志』東夷伝倭人の条（魏志倭人伝）である。

魏志倭人伝

西晉の正統化を優先する陳寿は、司馬懿の政敵であった曹爽の父曹真の活躍を隠すため、あえて、西域伝を立てなかった。『三国志』に注をつけた裴松之は、東夷伝の最後に『魏略』の西戎伝を長大に引用して、陳寿の偏向を補っている。曹魏は、蜀漢の涼州への進出を抑止するために、大月氏国〔中央アジアからインドを支配したクシャーナ朝〕の王に「親魏大月氏王」という称号を与えている。諸葛亮の北伐を牽制するためである。大月氏国からの使者を導いた者は曹真であった。陳寿は、曹真の功績を記さないために、西域伝を立てなかったのである。

これに対して、司馬懿の功績となる卑弥呼への「親魏倭王」の称号賜与には、詳細な記録を残した。いわゆる「魏志倭人伝」である。中国の正史における外国に関する記述の中で、日本に関することを最多の字数で記す史書は、『三国志』だけである。陳寿は、倭国に好意的に、事実と理念を織りまぜて「魏志倭人伝」を著した。

倭人伝は、最も史料的な価値の高い、倭国からの四回の朝貢と曹魏からの回賜〔朝貢に対して、中華の恩恵を示すため、多くの物品を賜与すること〕、卑弥呼を親魏倭王に封建する制書を記した「朝貢と回賜および制書」部分を最後に配置する。そして、その前に「倭の諸国と道程」、「倭国の地誌と政治体制」を記している。

「倭の諸国と道程」では、帯方郡〔朝鮮半島の中部〕から邪馬台国に至る道程の方位と距離、国ごとの官名・戸数・概況が記載される。さらに、卑弥呼の支配下にある国名が列記され、対立する南の狗奴国の記述もある。ここに記される道程の方位と距離が、日本の地理や歴史に関する現代的な常識に反しているため、さまざまな読み方の工夫を凝らした邪馬台国論争が行われた。有力な九州説では距離、大和説では方位が工夫されている。

「倭国の地誌と政治体制」は、入墨〔黥面・文身〕から衣服・髪型・織物に始まり、鳥獣・兵器・衣食・葬儀・持衰〔航海の安全を祈る者〕・占い・飲食・寿命・婚姻といった倭国の地誌と、統治機構・刑罰・身分秩序など政治体制、倭の地全体の地理が記載される。

「朝貢と回賜および制書」は、景初三（二三九）年に始まり正始八（二四七）年に至る、倭国からの四回の朝貢と曹魏の対応、および卑弥呼を親魏倭王に封建する制書が記載される。制書は、卑弥呼を

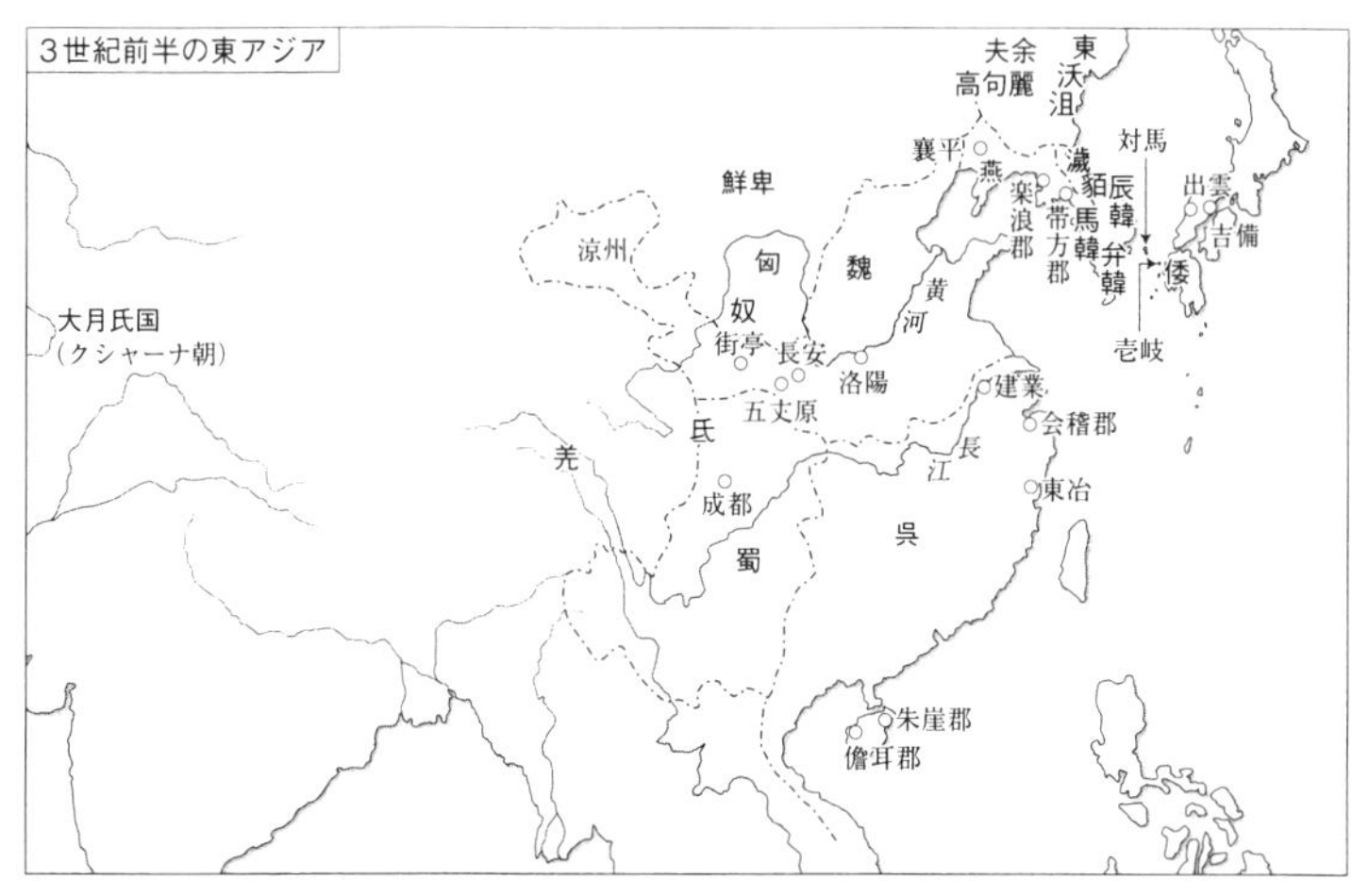

三世紀前半の東アジア　曹真の功績となる大月氏国からの朝貢に対抗するため、司馬懿が公孫淵を破った結果、来貢した倭を大月氏国よりも遠方に、そして大国に描こうとする偏向が魏志倭人伝にはある。

親魏倭王に封建する経緯の中で、卑弥呼の朝貢を慈しみ、親魏倭王として金印紫綬を与え、「絳地交龍の錦」「絳地縐粟の罽」「蒨絳五十匹」「紺青五十匹」を回賜することを述べる。朝貢品の生口〔奴隷〕十人と班布二匹二丈に比べると、回賜の品目の多さも際立つが、これであれば、他の夷狄の朝貢記事とそれほど大きな差異はない。注目すべきは、回賜の品目を掲げた後に、さらに多くの財物を賜与するという特別な恩恵を加えていることである。その背景には、蜀漢が勢力を拡大する西域の背後にあり、蜀漢を牽制する役割を果たし「親魏大月氏王」の称号を受けた大月氏国に匹敵する重要性を倭国に認めた、という国際関係が存在する。

　倭人伝は、『三国志』の唯一の夷狄伝である烏桓・鮮卑・東夷伝のなかで、最多の一九八三字より成る。中国の正史は、『史記』から始まり『明史（し）』まで二十四を数えるが、日本に関する列伝を含むものは十四、異民族のなかで日本に関する記録の字数が最も多いものは、倭人伝だけである。陳寿が、東夷伝最大の字数を費やして倭国の条を執筆した理由は、遼東（りょうとう）の公孫淵（こうそんえん）を滅ぼした西晉の祖である司馬懿（しばい）の功績を称揚するためなのである。司馬懿の功績の結果、遠方より朝貢に来た倭国は、礼儀の備わった大国でなければならない。これにより、倭国は理念的に、しかも好意的に描かれている。そして、蜀漢を牽制した大月氏国と同様に、孫呉を牽制する役割を邪馬台国に期待するために、邪馬台国は、孫呉の東南にある大国として描かれる。曹魏が卑弥呼に「親魏倭王」の称号を賜与した理由は、孫呉の海上支配に対抗するためなのであった。

邪馬台国が、会稽（かいけい）郡東冶（とうや）県の東方海上に現実には存在しなくても、孫呉との関係上、そこになければならない国際関係と司馬懿の功績を尊重するという国内政治上における倭国の重要性が、陳寿およびそれに原資料を提供した倭人伝の執筆者たちの表現を規定した。したがって、倭人伝は、理念と事実が入り混じる記録となった。邪馬台国論争が繰り広げられた方位・距離の比定は、倭人伝の執筆者たちの理念に覆われている。それでも、実際に邪馬台国まで往復した使者の報告書を陳寿たちは見ている。その記録の反映と考えられる、中国の経典や史書に典拠のない叙述が倭人伝には存在する。その部分こそ、三世紀の倭国の事実を今日に伝える貴重な記録なのである。

詳細は、渡邉義浩『魏志倭人伝の謎を説く』（中公新書、二〇一二年）に譲るが、倭人伝は、中国、そして朝鮮との関係性のなかで、日本古代の王権のあり方を考える端緒と成し得る貴重な記録である。ただし、それは日本のために記録されたわけではない。西晋の祖である司馬懿の功績を称えるために、倭国の重要性を誇張する偏向を持つことを忘れてはならないのである。

3 鑑としての歴史

司馬彪の『続漢書』

陳寿は、まだ曹魏の功臣が生きている西晋時代に、西晋の正統性を優先させて『三国志』を著した。そのために、書きにくいことも多く、簡略な記述を旨としたが失脚を免れなかった。これに対して、西晋時代に後漢の歴史を著すことは、直接的な利害関係はない。だが、それだけに、なぜ後漢の歴史を描くのかという執筆意図を問われることになろう。

北宋の景祐年間（一〇三四～三八年）以来、范曄の『後漢書』の本紀・列伝と、その志が合刻されている司馬彪の『続漢書』は、陳寿の『三国志』と並んで、西晋期の史書がまとまって今日に伝わる事例である。それでは司馬彪は、何を目的として『続漢書』を著したのであろうか。

司馬彪は、字を紹統といい、高陽王司馬睦の嫡長子である。司馬睦は、司馬懿の弟で「八達」〔司馬懿の兄弟八人がいずれも優れていることを指す言葉〕の一人である司馬進の次子にあたり、宗正〔皇室担当大臣〕に至った（『晉書』宗室 高陽王睦伝）。司馬彪は、本来、王位を嗣ぐべき宗室の生まれであった。

しかし、司馬彪は、司馬懿の末弟で「八達」の一人である司馬敏の養子となった。他の「八達」の家が、すべて子孫に王を輩出していることに対して、司馬彪は王になれなかった。司馬彪は、好色で行状が治まらず、後嗣となれず、養子に出るという形で、事実上廃嫡されたのである。弟の子である司馬穀が父の高陽王を嗣ぐのを横目に、司馬彪は人と交わらず学問に専念した。その結果、著されたものが『続漢書』なのである。

- 司馬鈞
  - 量
    - 儁
      - 防
        - 朗
        - 懿（宣帝）
          - 師（景帝）
            - 攸（養子）
          - 昭（文帝）
            - 炎（①武帝）
              - 衷（②恵帝）
                - 遹（広陵王）
              - 晏（呉王）
                - 鄴（④愍帝）
              - 熾（③懐帝）
            - 攸（斉王）
        - 孚
        - 馗
        - 恂
        - 進
          - 孫
          - 睦
            - 彪
            - ○
              - 穀
        - 通
        - 敏
          - 彪（養子）

司馬氏系譜

三国時代には、『史記』・『漢書』・『東観漢記』の三著が「三史」と称され、史書を代表していた。後漢を描いた史書は、史官が置かれた東観という場所から『東観漢記』と呼ばれており、これが公的な後漢の史書であった。しかし、後漢明帝期の班固、安帝期の劉珍、後漢末の蔡邕と、長い年月をかけて多くの著者の手によって成った『東観漢記』は、成立当初より評判が悪かった。一人の著者の「一家の言」〔まとまった思想性を持つ著作〕ではないため、何を目的に歴史を描くのかという、執筆目的の統一性に欠けていたからである。漢を賛美する班固と、董卓〔黄巾の乱のあと後漢の首都洛陽を焼き払い、長安に遷都〕の専制を助けた蔡邕とでは、漢に抱く思いは異なる。

それでは司馬彪は、どのような思いを持って後漢を描いたのであろう。西晉の司馬彪が、後漢を描く『続漢書』により、直接的に西晉の正統性を主張することは難しい。後漢→（季漢→）曹魏→西晉の正統性を保証する『三国志』は、すでに高い評価を得ていたからである。宗室の一人である司馬彪は、なぜ自己の国家の正統性を直接的には主張できない、後漢の史書を著したのであろうか。

「漢家の故事」

『晉書』によれば、司馬彪は次のような執筆意図により、『続漢書』を著したという。

> 司馬彪は、「先王が史官を立ててその時々の事を記したのは、①善悪を記載してそれを阻み勧め、世を教化する要所を取るためである。このため『春秋』が修まらなければ、孔子がこれを修め、関雎が乱れれば、師摯〔魯の楽師長〕がこれを修めた。……②漢の中興は、建安年間に終わったが、忠臣・義士は明らかに現れた。しかし、時に良い史官が居らず、記述は煩雑であった」と考えた。そこで司馬彪は、……本紀・志・列伝を作ること八十篇、号して続漢書と呼んだ。
>
> （『晉書』司馬彪伝）

司馬彪が『続漢書』を著した第一の目的は、①善悪を記載して、それを阻み、あるいは勧めること、すなわち勧善懲悪に置かれている。孔子が史の起源と言うべき『春秋』を修めた目的を勧善懲悪と捉えることは、『孟子』に記されている。司馬彪の『続漢書』執筆の目的も、第一にこれを掲げる。ただし、それは「先王」から始められている、と司馬彪も述べるように、これは中国史書に共通する特徴であり、司馬彪独自のそれではない。

第二の目的として司馬彪は、②後漢の忠臣・義士が良い史官に恵まれず、その事跡が明らかではないことの是正を挙げる。具体的には、『東観漢記』の繁雑さを批判しているのである。それでは、司馬彪の『続漢書』は、『東観漢記』の記述を簡潔に整理しただけのものなのであろうか。

現在、『続漢書』の中でまとまって残存するのは、「八志」〔律暦志などの八つの制度史〕である。志だけが残ったのは、南朝の梁（五〇二～五五七年）の劉昭が、『集注後漢』〔范曄の『後漢書』本紀・列伝と司馬彪の『続漢書』志を合わせ、注をつけた本〕を撰述した際に、范曄の『後漢書』に志が欠けていることを惜しみ、かつて范曄が高く評価し、自らの十志を準拠させようとしていた『続漢書』の八志を范曄の『後漢書』の本紀・列伝に合わせたためである。これを継承して、現行の『後漢書』は、范曄『後漢書』の本紀・列伝八十巻と、司馬彪『続漢書』の志三十巻とが、合刻されている。

司馬彪の八志は、「漢家の故事」を典範と考える胡広と蔡邕の著作の流れを汲む。「漢家の故事」とは、漢帝国で行われた先例のことである。後漢「儒教国家」は、白虎観会議で定めた儒教経義に基づき国政を運用していた。しかし、分権的な周の封建制度を理想とする儒教経義が、後漢の中央集権的国家体制をすべて正統化することは難しい。そうしたとき、現実と経義の狭間を埋めるものとして

「漢家の故事」は利用された。

後漢の安帝・順帝・沖帝・質帝・桓帝・霊帝に仕え、三公〔太尉・司徒・司空という後漢の最高位〕を歴任して国政を過誤なく運用してきた胡広は、「漢家の故事」を『漢制度』にまとめ、後世に伝えようとした。胡広に師事した蔡邕は、『漢制度』を継承して後漢の有職故実を『独断』に著した。そして、悪名高い董卓を助け、黄巾の乱で崩壊した後漢を再興しようとしたのである。

後漢末の混乱の中で、董卓が呂布に暗殺され、蔡邕が連座して殺害されたことを聞いた、漢を代表する大儒学者の鄭玄は、「漢の世は誰と共に正せばよいのか」と言って、荒野で慟哭した。「漢家の故事」に精通する蔡邕なくして、漢の復興は成し遂げられない、と考えたのである。蔡邕が死去した後の鄭玄の著作は、次代に儒教の理想を示すものになっていく。後漢に代わった曹魏は、曹操の孫である明帝曹叡のときに、鄭玄学を官学とする。

蔡邕は死去したが、その著書『独断』は現在まで伝わった。また、「八志」の元となった蔡邕の「十意」〔意は志と同じ。桓帝の名である劉志を諱んで、志の字を避けた〕は、司馬彪により参照された。これによって、千八百年以上前の後漢末の制度が、現在でもある程度は復原できるのである。

漢を鑑に

胡広・蔡邕の志を継ぐ司馬彪の『続漢書』八志は、漢の制度を後世に規範として残そうとするものであった。班固が漢を賛美するために、『漢書』の志に漢の制度を著したこととは、執筆目的が異なるのである。したがって、『続漢書』という書名にも拘らず、それは単なる『漢書』の続編とはならなかった。司馬彪の執筆意図が明確に現れている祭祀志は、『漢書』郊祀志の継承であると明言しながらも、郊祀志という名称は継承しない。『漢書』の郊祀志は、祭祀のなかで最も重要なものが天への祭祀、つまり郊祀〔首都の南の郊外である南郊で天を祀る〕であることに、篇名の由来がある。

後漢においても、天の祭祀の重要性に変わりはない。しかし、司馬彪の祭祀志では、郊祀に限定されることなく、漢のあらゆる祭祀がどのような経緯により成立したのか、という形成史が語られる。ゆえに、郊祀という特定の祭祀を篇名とはせず、祭祀志と命名された。そして、礼儀志において、一年間に行われる漢の定例の祭祀を時系列に沿って掲げていく。その際、最も重要ではあるが、臨時の祭祀である大喪〔皇帝の葬礼〕は、最後に附されている。

司馬彪は、形成史を記す祭祀志、時系列に並べる礼儀志、この二つの志により、後漢「儒教国家」で成立した漢の祭祀の全体像を描いた。こうして漢の制度を後世への典範として示しているのである。

これが、現存する志から帰納する、司馬彪の『続漢書』の特徴である。『晉書』が明記する、史書を勧善懲悪の鑑とする、という第一の執筆目的は、「古典中国」としての漢を後世に伝えるために、「漢家の故事」をまとめあげた志に十全に現れた。司馬彪の『続漢書』により、たとえば蜀漢の諸葛亮が『漢書』を古典として読んだように、後漢「儒教国家」の国制を古典として読むことが始まる。それにより、「古典中国」は、明確な姿を持つ鑑として後世へと伝えられていく。

政策の提言

史書を鑑として描くことは、現在の国家がそれに鑑みた政策を展開することにより、自己の国家の正統化へと繋がる。曹魏において繰り返された儒教への対抗、それへの反発を束ねて国家を創設した西晉は、「儒教国家」の再編を目指していた。

そうした中、司馬彪は『続漢書』執筆で得た知識を背景に、六宗の祭祀に関する提言を行っている。六宗の祭祀は、『尚書』に記述があるものの、諸説が分かれており、後漢「儒教国家」では、二つの解釈が展開された。後漢初期には、六宗は、易の六子気〔日・月・雷公・風伯・山・沢〕とされていた。それが、安帝の元初六（一一九）年以降、尚書歐陽家〔漢初に尚書を伝えた伏生から歐陽生が受けた尚書学を曾孫の歐陽高が『尚書章句』にまとめて成立した学派〕の説を取って、上・下・四方を指すこととされていたのである。これに対して、司馬彪は、六宗を天宗〔日・月・星辰・寒暑〕と地宗〔社稷・五祀〕と四方の宗〔四時・五帝〕と捉える自説を立て、王肅の議論に反対して、六宗の祭祀を行う必要がないことを説いた。司馬彪は、八志にまとめあげた漢の制度を鑑として検討した結果、六宗については、漢とは異なり祭祀を廃止すべきと主張したのである。それは、王肅の外孫である西晉の武帝に採用されるほど、説得力を持つものであった。

このように、司馬彪が著した後漢「儒教国家」の鑑は、西晉が「儒教国家」を再編していく際に、照らし合わされていった。「古典中国」を規範にするとは、すべてそれに従うことを意味せず、それを基準として、様々なあり方を考察していくことなのである。

西晉の宗室に生まれながら王になれなかった司馬彪は、後漢「儒教国家」の史書を『続漢書』として著した。それにより、「儒教国家」を再編しようとしている西晉に、「古典中国」という鑑を提供したのである。さらには、たとえば六宗について、『続漢書』の編纂で得た知見を踏まえた主張を提出し、西晉による「儒教国家」の再編にも、自ら主体的に関与した。

司馬彪の本紀・列伝は滅びても、八志が残されたのは、西晉の鑑としての後漢「儒教国家」の諸制度をまとめるという執筆目的が、八志にこそ十全に現れていたためであろう。「古典中国」は、こうした鑑を列ねることで再編され、成熟していくのである。

4 「古典中国」を鑑に

『漢書』顔師古注

西晉の司馬彪『続漢書』が、後漢で成立した「古典中国」を規範とし、鑑として示したことは、東晉（三一七〜四二〇年）における『漢晉春秋』や『後漢紀』など後漢—蜀漢を正統と考える歴史観の先駆となった。その一方で、前漢を賛美する『漢書』は、やがて唐の顔師古が注を付けることにより、「古典中国」の形成を描き出した書としての地位を確固たるものにしていく。

顔師古は、唐の太宗の貞観十五（六四一）年、『漢書』の注釈を完成した。顔師古が著した「漢書叙例」によれば、その編纂は太宗の皇太子であった李承乾の命による。すなわち、ほぼ勅撰に近い、公的な『漢書』の注釈書として、顔師古『漢書』注は成った。ここに、皇帝を唯一至尊とすべき使命と、皇帝権力を正統化する儒教の尊重とが前提される。そして、火徳の隋（五八一～六一八年）はもとより、唐もまた、自らに先行する統一国家の漢を「古典中国」として尊重した。『後漢書』もまた、高宗の皇太子であった李賢が注を付けているように、漢は唐にとって模範とすべき「古典中国」であった。したがって、顔師古の『漢書』注は、皇帝を至尊とする「古典中国」が、前漢に成立したことを規範として示す必要性を持つ。そして、班固の『漢書』は本来、そのために著された書であった。

本来的に『尚書』を継承する『漢書』は、難語・古字が多く、その成立と共に朝廷は、外戚であり鄭玄の師でもある馬融に命じて、妹の班昭から「読法」を受けさせていた。それが、経学と同じ「師法」として授受されたことは、三国呉を建国した孫権の長子孫登が、師法を継承する張昭から子の張休を経由して、それを伝授されたことからも分かる。したがって、『漢書』の「旧注」〔顔師古以前の後漢・魏晋期に著された注〕は、経学の注と同じく音義〔漢字の音と意味〕を基本とする訓詁〔古典解釈〕が中心であった。

顔師古は、『漢書』の注を著す一方で、儒教の経典解釈を集大成するために、孔穎達が中心となって編纂する「五経正義」の底本の制定にも関与していた。唐の儒教の教科書となった「五経正義」は、鄭玄注に代表される漢魏の旧注を尊重し、それを継承しながら、五経の解釈を定め、正しい義

〔意味〕を示すものであった。顔師古が、『漢書』注において、漢魏の旧注を引用し、その是非を定めて解釈を詳説し、自らも大量の注を補ったのは、「五経正義」に見られる「経」の方法論であった。顔師古の『漢書』注は、「経」の方法論に基づく注を付けることで、「正史」としての正統性を高めようとしたのである。

このため顔師古は、『漢書』の内容を『漢書』の中で解釈しようとし、経書や小学書〔辞書など文字の解釈書〕を除いては、他の書籍から異聞〔さまざまな異説〕を引用することを批判した。それは、『三国志』に注を付けた裴松之により創始された、異聞による本文への史料批判を否定するためであった。さらに顔師古は、『漢書』に注を付けることで、「経」を補完しようとした。『漢書』はすでに滅んだ経文と解釈を伝える、経学にとって重要な書なのである。顔師古は、「経」における「史」の重要性を示して、「史」の地位の向上を目指していた。その結果、顔師古注で展開された喪制に関する議論が、唐の経学に反映されている。

顔師古は、裴松之を批判して、「史」を「経」の枠内に留め、「経」における「史」の重要性を高めることで、「史」の地位を確立した。こうして、「経」にその存立を保証された『漢書』は、唐における漢の「古典中国」化を進めるだけでなく、「古典中国」を伝える史書として長く読み継がれていくのである。

「古典中国」としての漢

もちろん、漢が「古典中国」として尊重されたのは、『漢書』だけの力ではない。儒教では、鄭玄が様々な経典に注をつけることにより、漢の「古典中国」化を進めていた。鄭玄が、その学説の中で最も難解な六天説に基づき、革命を正統化したことは、渡邉義浩『儒教と中国』（講談社選書メチエ、二〇一二年）を参照されたい。ここでは、後漢末に現れた鄭玄が、各経典や緯書〔経書を補うものとして、前漢後半から孔子の言説に仮託した主張を集めた書。そのなかの予言的な主張を讖緯思想と呼ぶ〕における経義の違いを『周礼』〔周のあり方を官僚制の中で説明する経典〕を頂点として体系的に統一したことを指摘するにとどめたい。鄭玄はそれにより、未だ不十分であった『白虎通』の経義を展開して、「古典中国」の経義を定めた。この結果、『白虎通』で形成された「古典中国」は、鄭玄学の経義として表現された。のちに王粛〔曹魏の思想家。鄭玄説に反発〕説という反措定を許容しながらも、鄭玄学は、唐代までの経義の中核を占めたのである。

だが、鄭玄の経学だけで、後漢で定められた「古典中国」が、後世から古典と仰がれたわけではない。「漢」が古典化するには、魏晋南北朝時代（二二〇～五八九年）を通じて「経」に次ぐ地位を得た「史」書、とりわけ『漢書』の影響は看過できない。

『漢書』が「古典中国」を規範として後世に伝えられた理由は、『漢書』が『尚書』を継承して「漢」を規範として描こうとした執筆意図に加えて、『漢書』に付けられた唐の顔師古注が「経」における「史」の重要性を示したことがある。そして何よりも、『白虎通』の編纂者である班固が著した

『漢書』は、『史記』には記されない「古典中国」の形成過程を描いている。これこそ『漢書』が「古典中国」の規範足り得る最大の理由であった。

たとえば、中唐期の南郊で行われた、天子にとって最も重要な祭天儀礼において、韋后〔武則天を受けて権力を握ったが玄宗に打倒された〕の亜献〔皇帝の次に天に酒を捧げること〕は、『周礼』の鄭玄注と『漢書』に記された王莽の議論を典拠に正統化されている。

あるいは、喪礼の中で最も重要な三年喪については、天子も三年間、親の喪に服すべきとする『礼記』〔五経の一つ、礼を記す〕の主張を二十七日服せばよいと定めた典拠も、『漢書』顔師古注と鄭玄学に求められた。漢の文帝が遺詔して三十六日に短くせよといった『漢書』の本文に関して、顔師古は次のように論じている。

> （後漢の）応劭は、（『漢書』に注をつけて）「……およそ三十六日で喪服を脱ぐのは、日を以て月に易えているのである」と言っている。師古は、「……（前漢の）文帝は自分の意志に従って、（三年の喪を）三十六日に変えることを創設したのであり、儒教経典から取ったわけではない。どうして日を以て月に易えることができようか。三年の喪は、（鄭玄説によれば）その実質は二十七ヵ月であるので、どうして三十六ヵ月（を三十六日にした）ということがあり得ようか。……応劭の説は誤りであるが、近代の学者は、間違った説に拘り、誤りを思うことがない」と考える。
>
> （『漢書』文帝紀　顔師古注）

　このように顔師古は、後漢の応劭（おうしょう）の旧注が、三年（三十六ヵ月）の喪を「日を以て月に易（か）」えることで三十六日にした、と説明することを批判し、文帝（ぶんてい）の独創であるとする。文帝は、儒教ではなく、黄老（こうろう）思想を尊重していたので、顔師古の主張するとおりである。しかも、儒教の経義（けいぎ）から考えても、三年喪とは、鄭玄（じょうげん）説によれば二十七ヵ月であるので、「日を以て月に易（か）」えても三十六日にはならないと批判する。これも顔師古の主張どおりである。ただ、玄宗（げんそう）のときに、三十六日を鄭玄説に合わせて二十七日とすることで、「日を以て月に易（か）」える説は、唐に採用される。顔師古注で展開された喪制に関する経学の議論は、顔師古には不本意な形ではあったが、こうして唐の経学に反映されているのである。

　このように「古典中国」は、鄭玄学はもとより、『漢書』と顔師古注によって普及し、受容されていった。後漢「儒教国家」という具体的な国家を超えて「漢」が「古典中国」を代表するものとして後世から仰がれていく理由である。このため「漢」字、「漢」民族という言葉が現在も使われている。前漢の董仲舒が儒教一尊を定めたという『漢書』の董仲舒神話が、後世から疑われなかった理由もここにある。

第三章　「史」の宣揚と正統

『春秋左氏経伝集解』と『漢晉春秋』

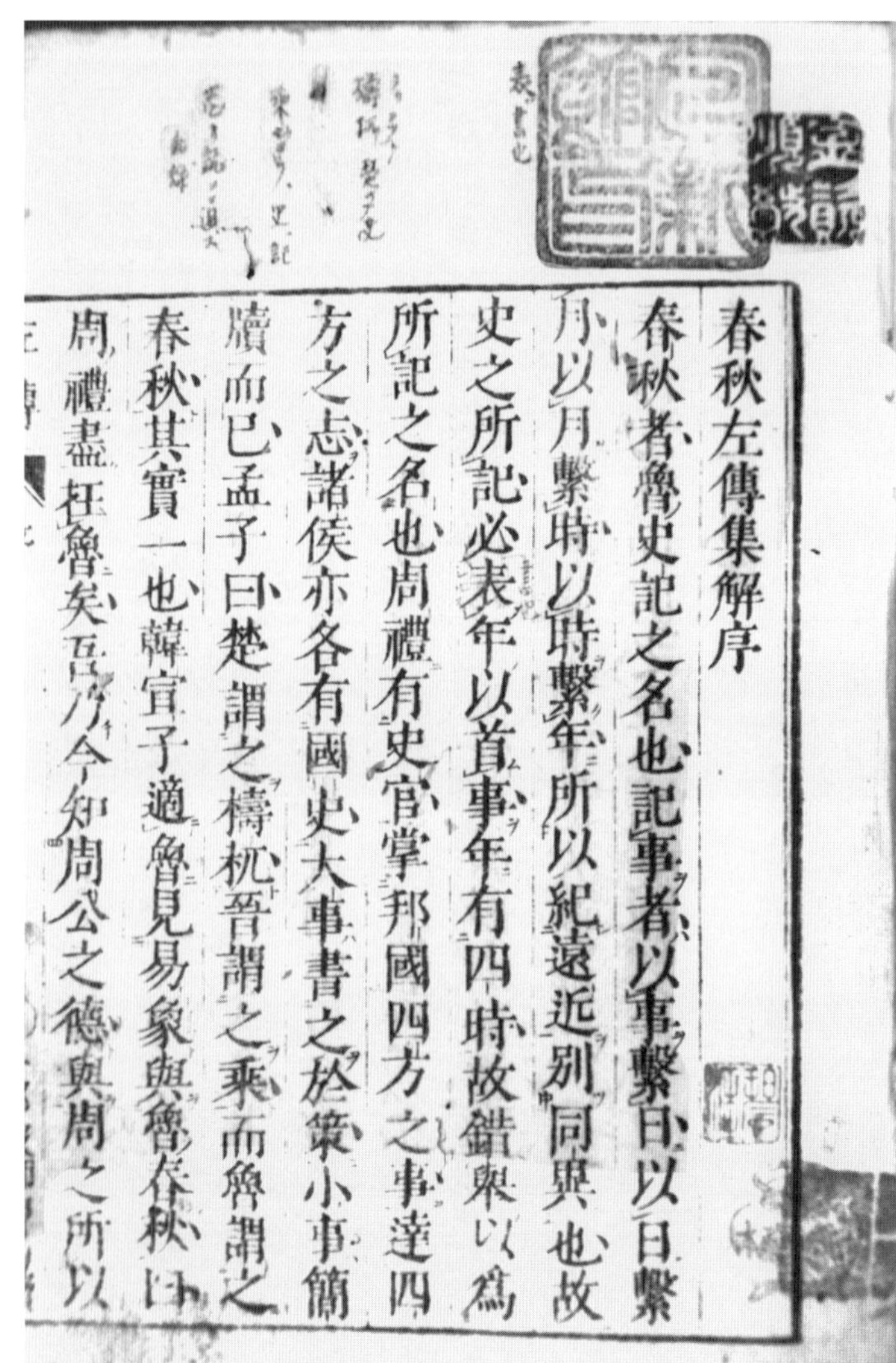

春秋左傳集解序

春秋者魯史記之名也記事者以事繫日以日繫月以月繫時以時繫年所以紀遠近別同異也故史之所記必表年以首事年有四時故錯舉以爲所記之名也周禮有史官掌邦國四方之事達四方之志諸侯亦各有國史大事書之於策小事簡牘而已孟子曰楚謂之檮杌晉謂之乘而魯謂之春秋其實一也韓宣子適魯見易象與魯春秋曰周禮盡在魯矣吾乃今知周公之德與周之所以

『春秋左氏経伝集解』（江戸、和刻本）　杜預が著した『春秋左氏経伝集解』は、『春秋左氏伝』の決定版として、日本でも読み継がれた。

1　杜預の左伝解釈

杜預と左伝癖

中国における史学の地位を高めた西晋の杜預は、唐の詩人杜甫の祖先として知られる。「どよ」という読み癖を持つのは、経学の大家であることによる。鄭玄を「ていげん」と読まないように、明治以前の漢学者は、有名な経学者に敬意を払い、特別な読み方をした。杜預は、唐の「五経正義」の底本の一つに採用される『春秋左氏経伝集解』という『春秋左氏伝』の注釈書を著したことで、高く評価されている。『春秋左氏経伝集解』には、前後に「序」が付され、杜預はそこで史学の価値を高く宣揚している。

杜預は、『晉書』杜預伝に「杜武庫」と呼ばれた、と記される。あらゆるものが詰めこまれている譬えである。武将としては孫呉の討滅に大功を挙げ、中国最初の律令〔令は行政法、これまでは刑法の律だけであった〕となる泰始律令の編纂に参加し、経済官僚として治水を進めた。さらに、官僚の考課法〔勤務評定方法〕を論じ、暦論〔天文学に基づく暦の作成法〕を著す。そして、六十三歳で死去する太康五（二八四）年に近い最晩年に、『春秋左氏経伝集解』を著した。このような杜預の軍事・政治・暦法・経済・経学など多岐にわたる活躍を支えたものは、出仕以前の長い読書修学期であった。

杜預の出仕は三十六歳と遅い。父の杜恕が、司馬懿と対立して失脚したためである。ところが、司馬懿の子司馬昭から、妹を娶らないかと誘いを受ける。兄司馬師が皇帝の曹芳を廃位して握った権力を維持するため、司馬昭は反司馬氏派を取り込もうとしていた。同じく誘われた、「竹林の七賢」伝説で有名な阮籍は、通婚を断った。だが、杜預は受けた。父の政敵である司馬氏を正統化できる成算と出世欲があったと考えてよい。杜預は、自ら「左伝癖」がある、と称するほどに極めた『春秋左氏伝』の解釈により、それを実現していく。

孔子から周公へ

杜預が著した『春秋左氏経伝集解』の最大の特徴は、『春秋』において最も尊重すべき存在を孔子から周公へと変えたことにある。そのために杜預は、第一に孔子素王説を否定し、第二に左伝〔春秋左氏伝の略称〕に独自の義例説を立てた。

後漢の官学であった春秋公羊学では、孔子は無冠でありながら真の王者である「素王」と位置づけられ、後世の「聖漢」のために、王者の法を『春秋』で指し示した、とされていた。杜預は、これを否定し、『春秋』と孔子の神秘性を剥奪する。具体的には、孔子の地位を漢のために法を定めた素王から、魯の史官の記録である「春秋」の筆削者へと転落させる。そのための左伝の義例説を『春秋左氏経伝集解』の「序」に次のように示している。

> ①（左氏伝の中で）「凡」そという言葉から「例」を言う場合は、すべて経国の常なる制、周公の垂れし法、史書の旧くからの章である。孔子はその凡例に従って（魯の史官の記録を）整え、春秋経の通体とした。（左氏伝が）経文の明らかなものを細やかにし幽なものを明らかにして、義の類例を整え成したのは、みな凡例によって義を起こし、行事を指摘して褒貶を正したものである。②もろもろの「書す」、「書せず」、「先づ書す」、「故に書す」、「言はず」、「称せず」、「書して曰く」から始まる部分は、みな新旧の例を起こして大義を発しているものである。これを変例という。これらは（魯の）史官が書いた部分ではなく、（孔子が春秋の）義としたものである。これらは春秋の新意である。このため伝では「凡」そと言わず、（「書す」……などから始めて）詳細に述べたのである。③春秋経には（魯の史官の文章のままで）義例が無く、行事を述べている（部分があり、その）場合、左氏伝はただその帰趣を言うだけである。（そこは褒貶を含む）義例（のある場所）ではない。
>
> （『春秋左氏経伝集解』序）

義例とは、『春秋』に込められた行動規範のことである。たとえば、日本で長く続いた嫡長子相続という規範は、『春秋公羊伝』の隠公元年に示されている。そうした場合、春秋公羊学は、孔子の制作した『春秋』と公羊伝のすべての部分から、都合の良い文を選び、義例を読み取っていた。

これに対して、杜預は『春秋左氏伝』を三つに分ける。第一は、①周公が義例を示した「旧例」、すなわち「凡例」の部分、第二は、②孔子が新しく義例を記した「変例」の部分、そして圧倒的に多い第三は、③義例が含まれない魯の史官の歴史記録の部分〔「非例」と呼ぶ〕である、とした。これにより、公羊学・穀梁学が自説に都合の良いところから、義例を読み取ることを批判したのである。

　これは、儒家の典籍中、最も古く『春秋』に言及する『孟子』の理解とは大きく異なる。『孟子』は、春秋のすべてを孔子の制作とする。それを杜預が否定する論拠は、左氏伝に置かれる。加賀栄治『中国古典解釈史』魏晉篇（勁草書房、一九六四年）が明らかにするように、杜預の経典解釈は、「拠伝解経法」による。左氏伝に拠り『春秋』経を解釈するのである。杜預は、『春秋左氏伝』昭公伝二年に、「魯の春秋」を見た韓宣子が、周の礼は尽く魯にあると言ったことを踏まえて、「魯の春秋」は「史の記の策書」〔史官の記録〕であり、それが「周公の典」〔周公の義例〕に従って事を序べていたと解釈する。すなわち、杜預は、魯の史官の記録として原「春秋」があり、そこには魯の祖先である周公の義例がすでに含まれた、と左氏伝を読み取る。そして孔子は、原「春秋」に新しい義例を加えて、『春秋』を編纂した左氏伝より理解したのである。

　その上で、孔子が『春秋』を筆削することにより新しく義例を表現した「変例」よりも、周公が遺した「凡例」こそが、春秋の義の中で、最も尊重すべき部分であると主張した。ここに孔子は、素王として『春秋』のすべてを制作した者から、『春秋』を編纂して「変例」を加えた筆削者へとその地位を低下させられた。孔子を『春秋』の筆削者と位置づけることは、後漢「儒教国家」の中心的な経学であった春秋公羊学の理解とは明確に異なる。こうして杜預は、公羊学による素王としての孔子像を否定し、孔子を『春秋』の筆削者の地位に下げることで、公羊学により「聖漢」〔公羊学が神聖視していた後漢の呼び方」と一体化していた『春秋』を解き放ったのである。

杜預は、単なる地の文である「非例」の部分はもとより、孔子が加えた「変例」よりも、周公が定めた「凡例」を重視した。左伝に五十ヵ所ある「凡例」にこそ、周公の義例が示されている、というこの考え方は、杜預独自の新説である。その背景には、司馬氏の正統化という政治的意図があった。

君無道

西晉の建国者である司馬炎の父司馬昭は、曹魏の皇帝である曹髦を殺害して権力を強固にし、西晉の基礎を築いた。その際、司馬昭は、曹髦の母郭皇太后を脅して詔を出させ、親不孝である曹髦は皇帝の地位には居られない、と自らの皇帝殺害を正当化した。しかし、西晉を建国した司馬炎の父司馬昭の皇帝弑殺〔君主の殺害は特別に弑殺と呼ぶ〕は、西晉の正統性の障害となっていた。

ここに杜預は、「書弑例」という周公の「凡例」があることを述べ、司馬昭の君主弑殺を正統化する。これこそ、杜預が、孔子の「変例」よりも周公の「凡例」を尊重する理由であった。

〔左氏伝〕凡そ君を弑する記事で、君を称するのは、君が無道な場合である。臣を称するのは、臣に罪がある場合である。

〔杜預注〕君を称するとは、ただ君の名だけを書き、そして国を挙げて弑殺を記すことを言う。人々が共に（君を）絶つものであることを示す。臣を称するとは、弑殺した者の名を書いて、世に示し、不義をなしたことを永遠に伝える。

（『春秋左氏経伝集解』宣公伝四年）

杜預はこのように、『春秋左氏伝』宣公伝四年に記される「凡例」では、『春秋』経が「弑」という文字を使って君主の殺害を記している文章に、二つの義例が示されているという。一つは「君を称する」場合である。「〇国〔〇国人の場合も同じ〕弑其君〇」という経文によって表現される「君を称する」場合は、「君が無道」であるために君主が弑殺された事例である。もう一つは「臣を称する」場合である。「〇国〇氏〔臣の名を挙げる〕弑其君〇」という経文によって表現される「臣を称する」場合は、「臣に罪があ」ることにより君主が弑殺された事例である。前者の事例を掲げよう。

〔春秋経〕文公十六年、冬十有一月、宋人弑其君杵臼。

（文公十六年、冬十一月、宋人がその君である杵臼を弑殺した。）

〔杜預注〕君を称するのは、君が無道だからである、（この）義例（の説明）は宣公伝四年にある。

（『春秋左氏経伝集解』文公　経十六年）

杜預は、このように『春秋』に記される七ヵ所の「〇国弑其君〇」という経文について、すべての箇所で君主が無道で罪があるために、君主が弑殺されたと繰り返す。もちろん、「〇国〇氏弑其君〇」という経文についても、臣下に罪があり君主を弑殺したという注を杜預は付けている。それでも、注目すべきは、前者の義例である。杜預は、この義例を論拠に、君主が無道な場合には弑殺してもよいと周公が承認しているとして、司馬昭の皇帝弑殺を正統化したのである。司馬昭が弑殺した曹魏の皇帝である曹髦は、母郭皇太后に不孝を犯すという「無道」を行った。君が無道であれば、その弑殺の罪は君主にあり、臣下である司馬昭にはない。こうして杜預は、漢を正統化していた孔子に代わって、周公により司馬昭の皇帝弑殺を正統化して、西晉の正統性を『春秋左氏経伝集解』で高らかに宣言したのである。

杜預が正統化した西晉は、杜預自身の活躍もあって孫呉の平定に成功し、太康元（二八〇）年に中国を統一した。ところが、武帝司馬炎の子である恵帝の暗愚を背景としながら、やがて西晉では八王の乱が勃発する。乱の最中、趙王の司馬倫は帝室内で革命を起こし、恵帝を廃位して皇帝となった。皇帝となった司馬倫に対して、斉王の司馬冏・成都王の司馬穎・河間王の司馬顒が挙兵する。その際、成都王司馬穎の謀主であった盧志〔曾祖父は後漢末の大儒盧植〕は、皇帝の打倒を次のように勧めている。

> 趙王は無道であり、ほしいままに簒逆を行い、天下の人々と神々のうち、憤怒しないものはありません。いま殿下が三軍を統べ率いて、時節に応じて兵を挙げれば、人々は召さずとも自づから至るでしょう。凶逆を掃討するには、「征」があるだけで「戦」はありません。
>
> （『晉書』巻四十四 盧欽伝附盧志伝）

盧志は、たとえ皇帝に即位した趙王であっても、無道であれば弑殺しても構わない。兵を挙げて無道を誅するべきです、と司馬穎に献策している。「君無道」であれば弑殺してよいという杜預の「書弑例」に依拠した発言と考えてよい。杜預による皇帝弑殺の正統化は、中国を大きな分裂へと導いていく経典解釈なのであった。漢学〔鄭玄に代表される漢の経学〕を愛好する清朝の考証学者たちが、杜預を激しく批判する理由である。

事実で義例を説く

杜預はこのように、『春秋』は「魯の春秋」という史書を素材に、孔子が筆削することで、周公の「凡例」・孔子の「変例」・義例を持たない「非例」の「三体」を備えた経書となった、と主張した。あくまでも『春秋』は、史書ではなく、王道の正しいあり方、人間世界の秩序原理と価値の根拠を明示した経典であった。ただ、杜預が「拠伝解経法」に基づき、事実を記した「伝」から義例を明らかにしたことは、事実を尊重する史学の地位を高めた。杜預は、事実によって義例を説くことで、公羊学・穀梁学の理念的な義例を打ち破ったからである。こうして杜預は、「拠伝解経法」により、史学を利用して自らの経学中の地位を確立すると共に、史学を経学により正統化した。ここに「史」は、宣揚される。

杜預の理解によれば、魯の史官である左丘明は、聖人の孔子を助けるだけではなく、「魯の春秋」に残されていた「周公の凡例」をも明らかにして、左伝の中に書き記した。つまり杜預は、左丘明を孔子に比肩する助力者と位置づけたのである。また、魯の史官が記した文は、孔子が筆削すれば経となり、筆削から外れた部分も「非例」ながら経の一部を構成しているとされた。史書が経書の一部になっているのである。こうして儒教により正統性を保証された史学は、その地位を高めていくのである。

2　左伝体の尊重

春秋左氏伝後序

杜預は、『春秋左氏経伝集解』を著した後に、『竹書紀年』を含む汲冢書〔戦国魏の古墓から盗掘された書籍群〕を実見した驚きを『春秋左氏経伝集解』後序に記している。序だけでなく、後序があるのは、汲冢書の発見により自らの学説の正しさを確信した旨を書き記したためである。

大康元（二八〇）年三月、呉賊が平定された。余は江陵から襄陽に戻り、武装を解いて兵を休めた。そこでかねてからの思いを実現して、『春秋釈例』と『春秋左氏経伝集解』を完成した。ちょうど終わったころ、たまたま汲郡汲県で古い冢をあばいた者があり、たくさんの古書を得たが、みな簡で綴られ科斗文字〔古文〕で記されていた。……①蔵されて秘府にあったので、余が見るのは遅かったが、記されているものは大凡七十五巻であった。多くは破砕され、読めなかったが、『周易』と『(竹書)紀年』は、最もよく読めた。『周易』の上下篇は、今と同じであったが、別に陰陽説があり、そのかわり②彖(伝)・象(伝)・文言(伝)・繋辞(伝)が無い。③孔子が魯で作った『周易』が、なお遠国には伝播していなかったのであろう。

(『春秋左氏経伝集解』後序)

後序によれば、秘府〔宮中の書庫〕に所蔵されていた汲冢書の中で、①素性が明らかなものは『周易』〔後の『易経』〕と『竹書紀年』であった。ただし、『周易』は、孔子の制作とされている②彖伝・象伝・文言伝・繋辞伝などの「十翼」〔易の儒教的な説明文〕が欠落していた。

その理由を杜預は、③魏のような遠国には魯から孔子の制作した『周易』が、まだ伝播していないことによると述べる。あくまで孔子が『周易』を制作したことを疑わないのである。今日では、『周易』が十翼を備え、儒教経典に包含されるのは、前漢の時代と考えられている。これに対して、杜預は、孔子の手が加わる前の「周易」であると汲冢書の「周易」を理解した。『春秋左氏伝』に対して、孔子が『春秋』として経典化する前の諸国の「史記」〔史官の記録、魯では原「春秋」〕の存在を想定するのと同様に『周易』を捉えたためである。孔子が『易』を読んだという『論語』の記述は、漢代以降に加えられた伝説であり(渡邉義浩『論語の形成と古注の展開』汲古書院、二〇二一年)、杜預が前提する孔子と『易』との関わりは、史実としては否定される。

また、杜預は『竹書紀年』については、次のように説明している。

> 『竹書紀年』は、夏・殷・周より（記述が）始まり、みな三代の王事が記され、諸国の別は無い。ただ特に晉国（の行事）を記し、（晉の君主の）殤叔より始め、文侯・昭侯と続けて、（晉の分家の）曲沃の荘伯に至る。①荘伯の十一年十一月は、魯の隠公の元年正月である。……晉国が滅んだのちは、ひとり魏の行事を記し、魏の哀王の二十年まで記されている。②おそらくは魏国の史記であろう。
>
> （『春秋左氏経伝集解』後序）

杜預は、『竹書紀年』に記される①晉の荘伯十一年十一月が、魯の隠公元年正月であるとする。また『春秋』理解の基本として『春秋長暦』を編纂しており、それを基準として諸国の年代を推定できた。そして杜預は、『竹書紀年』を②「魏国の史記」〔魏の史官の記録〕と捉えている。魯の史官の記録として原「春秋」が存在したと考える『春秋』観の援用である。ここには、史書が本来的に経書の原型となっているという杜預の歴史観がある。

杜預は『竹書紀年』を『春秋』と比較して、『春秋左氏伝』には、事実の記録に加えて「先に書す」などから始まる義例が加えられていることに注目する。そして、「国史」〔春秋の国々の記録〕は「事」を著すものであり、そこに孔子が「義」を制定したものこそ『春秋』であるとした。したがって、「事」を記す左氏伝こそが、公羊伝・穀梁伝よりも、『春秋』の正しい伝であることを『竹書紀年』より実証できたと考えるのである。

さらに杜預は、『春秋左氏伝』の優越性が、『尚書』にも及ぶ可能性をも示唆する。たとえば、『竹書紀年』は、伊尹〔殷の湯王の宰相〕は大甲〔湯王の孫、伊尹に追放された〕により殺されたが、大甲は後に伊尹の二人の子を立て、田宅を返したと記す。杜預はこれを『春秋左氏伝』襄公伝二十一年の「(大甲は追放された後)伊尹を恨むことがなかった」という文言と整合的に解釈する。だからこそ、大甲は伊尹を殺した後、その二人の子を立てて、田宅を返したとするのである。ところが、『尚書』の記述は、これとは合わない。杜預は、その理由を『尚書』を暗唱して後世に伝えた漢の伏生の誤りであろうとする。ただ、それでも『尚書』の経文を完全に否定することは、杜預にも抵抗があったようで、『竹書紀年』が「当時の雑記」にすぎなかった可能性も一方で提示している。

いずれにせよ、『竹書紀年』が「おおむね左氏を益する」ことは疑いなく、『春秋左氏伝』の他伝に対する優越性は明らかである、と杜預は後序を結んでいるのである。

左伝体の尊重

杜預の『春秋左氏経伝集解』後序は、後世に大きな影響を与えた。たとえば、東晉を代表する史家の干宝にその顕著な影響を見ることができる。杜預の生きた西晉は、やがて華北を五胡〔匈奴・鮮卑・羯・氐・羌〕に奪われ、建康〔現在の南京〕を中心に元帝司馬睿が再興した東晉では、建国の当初、史官が設置されなかった。丞相の王導は、史官の設置を提言し、適任者として干宝を推薦する。干宝は、その結果として『晉紀』を著したが、神仙や妖怪などの説話を集めた『捜神記』の方が有名である。『捜神記』は、中国近代文学の祖である魯迅により志怪小説〔怪奇小説〕の始まりと位置づけられる。だが、干宝自身は、『捜神記』を史書として著しており（渡邉義浩『「古典中国」における小説と儒教』汲古書院、二〇一七年）、杜預を尊敬して、自らも史家と認識していた。

干宝は、『晉紀』を編纂するにあたり、『春秋左氏伝』に準拠して「左伝体」（『春秋』の編年体を基本としながら、臣下の伝記を注記のように加える書体）で「国史」を編纂すべきことを朝廷で主張する。それが承認されると、干宝は、年表形式である「経」に「伝」を附記する「左伝体」を採用し、その叙述にも『春秋左氏伝』の体裁を踏襲した。さらに、『春秋左氏伝』にならって「凡例」を立て、『春秋左氏伝』の「君子曰く」に基づいて「史臣曰く」を加えていくのである。

このように、干宝の『晉紀』は、外形・叙述・「凡例」・「史臣曰く」の四点にわたり『春秋左氏伝』を継承し、「左伝体」により晉の「国史」を編纂した。東晉では、『漢書』を祖とする断代史の紀伝体ではなく、編年体の一種である「左伝体」により、「国史」が著されたのである。国史と言えば、紀伝体という意識は、唐代に『晉書』が著されて以降のものである。

それでも『尚書』に基づいて確立されていた『漢書』の権威に対して、干宝が朝廷において「左伝体」の優位を主張し得た背景には、『尚書』よりも信憑性が高い可能性を持つ、『春秋左氏伝』に対する杜預の後序で示された揺るぎなき自信があった。「左伝体」により「国史」を編纂すべしとの干宝の主張が朝廷で承認されたのは、杜預の『春秋左氏経伝集解』後序の影響を多くの朝臣もまた受けていたことによる。杜預の影響力の強さを見ることができよう。

干宝の『晉紀』

干宝が著した『晉紀』は、すでに散逸したが、唐の劉知幾が著した『史通』古今正史篇によれば、七帝紀〔宣帝司馬懿・景帝司馬師・文帝司馬昭〈ここまで三祖〉・武帝司馬炎・恵帝・懐帝・愍帝〕より成る、編年体による西晉の通史である。現在まで残る最も大きな逸文は、梁の昭明太子が編纂した『文選』史論上に収められる「晉紀総論」という長大な史論である。「晉紀総論」は、西晉史の総括であり、三祖の功業と武帝の即位、三国統一の達成までを称賛する。その後、武帝の賈皇后と賈充〔孫呉を滅ぼす功績をあげ、専権を振るった〕などの外戚の専横、八王の乱〔恵帝の暗愚を憂いた諸王が蜂起〕などの諸王の対立、「元康放縦の風」〔貴族が清談〈老荘思想に基づく観念的な議論〉に耽り政治を放置〕と称される貴族の政治忌避、五胡の侵入に壊滅した将兵の堕落といった西晉の滅亡原因を強く非難している。

干宝が模範とする『春秋左氏伝』には、これほど長い「論」は存在しない。「総論」を持つことは、『晉紀』独自の特徴なのである。宣帝司馬懿の功績を称えることから始まる総論は、景帝司馬師・文帝司馬昭を周公旦〔周の建国者武王の弟。武王とその子成王を補佐して、封建制度を施行した。孔子の理想の人〕よりも高く、伊尹より厳しいと評したのちに、西晉の建国者である武帝司馬炎を賛美する。

司馬炎が孫呉を滅ぼして中国を統一したことについて、干宝は、孫呉と蜀漢の砦を取り除き、「唐・虞の旧域」、すなわち尭と舜の旧領を支配した、とその統一を称える。孫呉と蜀漢の領土は、尭や舜が支配の中心を置いた「中原」〔黄河の中下流域、中国の中心〕ではない。にも拘らず、統一を尭・舜の旧領を復興する偉業と位置づけるのは、尭の末裔を標榜した火徳の後漢（ごかん）、舜の末裔との系譜を制作した土徳の曹魏（そうぎ）を承けて、晋が舜禹（しゅんう）革命に準えて魏晋（ぎしん）革命を正統化し、金徳（きんとく）〔シンボルカラーは白〕の国家となったことを踏まえている。

そののち、干宝は西晋が滅亡へと向かった原因を追究するが、その際には『春秋左氏伝』を典拠として、政治のあり方を論じている。干宝は、『春秋左氏伝』に依拠しながら自らの史論を展開しているのである。そして最後に、東晋が天命を受けていることを述べて、天が晋を見捨てていないことを証明する。

司馬彪（しばひょう）の『続漢書（しょくかんじょ）』は、歴史を鑑（かがみ）とした。干宝は、『春秋左氏伝』の影響を受けることで、鑑としての歴史を論ずる「史論」を本格的に著した。杜預（どよ）の『春秋左氏経伝集解（しゅんじゅうさしけいでんしっかい）』により正しさを証明された『春秋左氏伝』の影響の下、史学は国家のあり方を論ずるものになった。ここで中心となるのは、国家の正統性である。それは、分裂期ほど重要になる。『三国志』の時代を論じながら、それを史官が生きる今へと投影しようとする史論が、東晋以降、展開されていく理由である。

3　史論と蜀漢の正統

袁宏と『後漢紀』

西晋の杜預の『春秋左氏経伝集解』は、史官が史実に評を付けることは、「魯の春秋」に対して、周公が「凡例」を含ませ、孔子が「変例」を込めた行為に準え得ると「史」を宣揚した。このため東晋では、史書に「史論」が多く著されていく。袁宏の『後漢紀』にも、「袁宏曰く」から始まる史論が、四十九条収録されている。

東晋の袁宏は、南朝〔東晋・宋・斉・梁・陳〕貴族の名門の一つ「陳郡の袁氏」〔貴族は郡望と言われる出身地域と共に呼ぶ〕の出身であり、同郡の謝尚の安西将軍府〔一定水準以上の将軍や高官は幕府を開ける〕の参軍〔幕僚の一人〕として起家〔始めて官僚となること〕する。やがて、大司馬〔宰相〕の桓温の記室参軍〔文書を担当する幕僚〕となり、太和四（三六九）年、桓温の北伐に従軍した。その際、華北の荒廃を見た桓温が、「王衍〔西晋の大貴族、国政を放置して清談に耽った〕たちの清談で西晋が滅んだ」と述べると、袁宏はすかさず反論している。軍事力により台頭し、東晋で専権を握る桓温に、貴族の存立基盤である文化を国家滅亡の理由とされたくなかったのであろう。

袁宏が著した『後漢紀』は、范曄の『後漢書』と並んで、後漢時代を理解するための基本史料である。その成立は『後漢書』よりも、約五十年ほど早い。後漢末に荀悦が著した『漢紀』〔『漢書』を編年体に改変〕を継承する編年体の史書であるため、『後漢書』よりも分量は少ないが、殤帝の延平元（一〇六）年の尚敏の上疏・順帝の陽嘉二（一三三）年の馬融と張衡の対策〔諮問への回答〕など、『後漢書』・『資治通鑑』には記載されず、『後漢紀』のみに伝わる史料も多い重要な史書である。

左丘明の継承

袁宏の『後漢紀』は、編年体に「袁宏曰く」から始まる「史論」を附すという体例が『春秋左氏伝』と近似する。さらに、袁宏は、『春秋』の微言大義という筆法を用いて、左丘明が毀誉褒貶に基づき示した規範を伝えた重要性を次のように『後漢紀』の序で説いている。

> そもそも①史伝が興ったのは、古今を通じて名教〔儒教〕を篤くするためである。左丘明の作〔『春秋左氏伝』〕は、広大でそれを達成している。……（司馬遷の『史記』と班固の『漢書』は良いところもあるが、不十分なところもある）荀悦（の『漢紀』）は才智により整理され、嘉史と呼ぶことができる。当世を述べる所は、大いに統治に功がある。②しかし名教の本、帝王の高義は、まとめて述べられてはいない。いま漢代の遺された行事により、義教の帰する所を挙げて、（漢の）王道を記し（これまで漢を描いた）史書の欠けている点を広めることを願う。……③（左丘明以外の）史官が褒めているところは、行事の義に止まっており、疎外の意は、没して伝えられていない。左

丘明の遺風は卑しまれているのである。（そのため）今の史書は、古の人心を記しておらず、千載の先に、批判されるのが多いことを恐れるものである。

（『後漢紀』序）

袁宏は、『後漢紀』の序で、①史書は儒教に基づく風俗を篤くするためのものである、とその執筆目的を述べる。そして、左丘明の『春秋左氏伝』は、それを達成しているという。これは、『春秋』の義例を起源とする倫理的・観念的な正しさこそ史書の特徴である、という杜預の『春秋左氏経伝集解』序の継承である。②欠けて伝わらない漢の「王道」を後世に伝えるという執筆目的も、目指すことは『春秋左氏伝』の継承である。ただし、『春秋左氏伝』には記載されない、漢に「王道」が存在した、という認識を前提とすることは、後漢で成立した「古典中国」が規範とされ始めている東晉の時代性を反映する。『後漢紀』が材料とした多くの後漢の史書、なかでも司馬彪の『続漢書』が、「古典中国」として後漢の制度を後世に伝えようとしたことが、袁宏の漢への意識に大きな影響を与えている。袁宏は、従来の史書が後漢の王道を十分に表現できていないと考えて『後漢紀』を著した。

そして、袁宏は史書執筆の方法論として、③「疏外の意」〔春秋の微言大義によって、左丘明が毀誉褒貶に基づき言外の意として示した規範〕を伝えていくことの重要性を説くのである。

このように袁宏の『後漢紀』は、体例・執筆目的・執筆方法のすべてにおいて『春秋左氏伝』を規範としながら、古典として意識されていた漢への毀誉褒貶を東晉の鑑として描く史書なのである。

なぜ漢を描くのか

それでは、袁宏の執筆目的である漢の「王道」を示すことは、どのように実現したのであろうか。袁宏はまず、前漢が王莽に、後漢が曹魏に滅ぼされた革命方式である禅譲について、禅譲そのものは肯定する。堯・舜・禹の禅譲が、『尚書』に記されるからである。しかし、曹魏の禅譲は否定し、漢魏革命を批判する。それは、劉氏の徳は未だ亡びず、忠義の徒も尽きていなかったためである、という。曹操の覇権は、擁立した漢の献帝に寄せられる漢への思いを利用したものにすぎない。そして、忠義の徒は、漢の継承を掲げた劉備の季漢を直接支えた者だけではない。後漢末の支配者層は、未だ漢を支持していたとするのである。

袁宏の史論によれば、漢への支持が続いた理由は、「世の忠賢」が、桓帝・霊帝以来の混乱に際して、根本を大事にしようと、漢の存在を思ったことで、「人」は漢を復興する志を懐き、「民」はまだ義を忘れなかったことにあるという。漢の「王道」は滅びていなかった、とするのである。袁宏の史論では、「人」「民」は、「忠賢」などの知識人層の心や思いを受け、漢への志や義を抱く存在とされる。すなわち、袁宏ら貴族の意識が、民草を教化し、徳なき者〔具体的には東晋の簒奪を目指す桓温〕の禅譲を防ぐことができるという「微言」をここに読み取ることもできる。漢に話を戻せば、知識人層の漢への思いが、季漢による漢の存続をもたらしたのである。

袁宏の『後漢紀』は、禅譲した後漢の献帝が山陽公にされたことを記したのち、「明年、劉備 自立して天子と為る」という文で終わる。劉備を後漢の後継者として、正統の所在を示しているのである。したがって、曹操を支えた荀彧は批判される。曹魏の功を成したのは荀彧の謀であり、劉氏が天下を失ったのは、荀彧のためであるという。荀彧が、やがて曹操の後漢簒奪に抵抗して殺されたことは評価せず、荀彧の見識を「不智」、功績を「不義」と激しく批判するのである。こうした評価は、荀彧を後漢の忠臣と記す范曄の『後漢書』と大きく異なる荀彧像を示している。

ここで袁宏が、荀彧の功績が不義である理由として、民草を安寧にしても君位を危うくしたこと、および中原を定めても社稷〔国家、この場合は後漢〕を滅ぼしたことを掲げるのは、袁宏が生きた東晉の現実と比較した場合、きわめて示唆的である。ここには、洛陽を奪還し、袁宏に禅譲の前提となる九錫文〔禅譲の前提となる、天子と同等の儀礼を行う九つの殊礼を賜与されよと皇帝に勧める文〕を書かせた桓温への批判が投影されている。

袁宏は、東晉末の桓温への対応という現実の課題を史論の中に表現した。それは、『春秋左氏伝』が、単に春秋時代の歴史を記すだけではなく、歴史を材料として周公や孔子、さらには左丘明の価値基準に基づき、勧善懲悪を示すものであると杜預が明らかにしたことに合致する。袁宏の『後漢紀』は、後漢の歴史を記すだけでなく、「漢の王道」に示された「義」を導き出し、それを東晉の規範とするための史書として著されたのである。

史論に示された規範

袁宏は、このように史論において、国家の正統性や貴族のあり方の規範を示した。国家の正統性では、漢魏革命を認めず、劉備の季漢を正統とした。そこには、中原を回復した桓温の功を曹操と比較し、その功の少なさと忠義の無さを示すことで、桓温を覇者に留めようという、東晉の現状への規範の提示があった。それに加えて、「古典中国」を形成した漢の規範意識の高まりに応える目的も持っていた。

こうした意味において、袁宏の『後漢紀』は、季漢の「正」をさらに明確化に示す習鑿歯の『漢晉春秋』の先駆と言えよう。また、袁宏は、荀彧への批判により、不義なる君主に仕えることの不当性を明示した。そのうえで、貴族の諫言方法を示し、桓温の簒奪をしなやかに防いだ謝安（東晉を代表する貴族。桓温の簒奪を防ぎ、華北を統一して南下した前秦の苻堅を淝水の戦いで破った）のあり方も賛美している。謝安に貴族の一典型を見るという点において、袁宏の『後漢紀』は、『世説新語』（劉宋の劉義慶の撰。貴族の逸話集。王導と謝安を高く評価する）の先駆とも言えるのである（『世説新語』については、渡邉義浩『「古典中国」における小説と儒教』汲古書院、二〇一七年を参照）。

4　正と統

常璩の『華陽国志』

史書の対象となる国家の正統性は、倫理的・観念的な正しさを重視する中国の史学において、中心となるべき問題である。『史記』が項羽を本紀に立てたことを班固が厳しく批判したのは、正統の捉え方を正すためであった。それでも、国家の正統性に正面から向き合った正史は、西晉の陳寿の『三国志』を始まりとする。それは、秦の始皇帝以来、原理としては一人であるはずの皇帝が並立し、中国が分裂した三国時代を陳寿が対象としたことによる。また、漢代における国家の正統性は、春秋公羊学を中心とする儒教によって担われていた（渡邉義浩『後漢における「儒教国家」の成立』汲古書院、二〇〇九年）。史学は、未だ国家の正統を一義的に担う存在足り得ていなかった。陳寿はこのために、蜀学という自らが学んだ儒教の二つの予言に基づき、後漢→季漢→曹魏という正統の継承を主張した。史実よりも儒教を尊重したのである。

こうした正統の問題は、地方の歴史を記す史書にも、無視し得ないものであった。中国最古の地方志ともされる東晉の常璩の『華陽国志』にも、正統性への配慮が見られる。『華陽国志』は、巻一から巻四に巴・漢中・蜀・南中の地誌、巻五～巻九に、前漢の公孫述、後漢末の劉焉・劉璋、蜀漢の劉備・劉禅、成漢〔五胡十六国の一つ、三〇四～三四七年〕の李特・李雄・李期・李寿という華陽〔巴・蜀・漢中〕に独立政権を建てた者たちと一時的に西晉の「大同」〔中華統一〕下に置かれた時期の華陽の歴史、巻十一・十二に華陽の人物伝を記す書籍である。

常璩は『華陽国志』において、地誌と人物伝に表現される華陽の独自性を記す一方で、たとえ華陽に独立政権があったときにも、華陽が「大一統」〔統一を尊重するという春秋公羊学の義例〕に協力し続けたことを主張する。『華陽国志』が、華陽という地方の歴史を描きながら、晉による「大同」の正しさと、華陽を拠点とする偏覇〔地方を支配する覇権を握った政権〕の不当を描いた理由は、春秋公羊学が主張する「大一統」の尊重にある。また、そこには、蜀学の伝統に加えて、成漢の東晉への降伏を主張した常璩の政治的立場の正当化も含まれていた。

常璩は、魯という地方の歴史を描きながら「大一統」への主張を盛り込んだ『春秋』にならって、華陽という地域が秦・漢の「大一統」に大きな役割を果したことを確認しながら、晉の「大一統」の回復に資するため、『華陽国志』を著した。『春秋』を規範に巴蜀地方の国家の歴史と人材を記しながら、「大一統」の回復を主張することで、巴蜀という地域の編入を契機とする東晉の「大一統」を希求したのである。

習鑿歯の『漢晉春秋』

蜀漢を偏覇に止めてまでも、東晉の正統性を描いた常璩の『華陽国志』に対して、同じく東晉の習鑿歯は、『漢晉春秋』において西晉の正統性を蜀漢からの継承に求める。

東晉の習鑿歯が編纂した『漢晉春秋』は、後漢の初代光武帝から西晉末の愍帝まで約三百年の歴史を記したもので、すでに散逸している。それでも、三国時代における「蜀漢正統論」を唱えた最初の史書として有名である。

習鑿歯は、荊州襄陽郡の大豪族〔大土地所有者〕の出身で、漢代より習氏の活躍は史乗に残る。習鑿歯は、文筆で名声を高め、荊州刺史〔刺史は行政長官〕の桓温に信任された。習鑿歯は、自らの祖先である習禎が婚姻関係を持っていた諸葛亮への関心が高い。襄陽郡出身の優れた人物をまとめた『襄陽耆旧記』〔『襄陽記』ともいう〕は、後漢末の襄陽で成立した「荊州学」という新しい儒教やその構成者を理解する基本的な史料となっている。諸葛亮が「伏龍」、龐統が「鳳雛」と呼ばれていた、と伝えるのも習鑿歯なのである。荊州の別駕従事〔属吏の筆頭〕となった習鑿歯は、桓温に重用され、また簡文帝〔東晉の皇帝、政治手腕に欠け、桓温への禅譲も検討した〕にも尊重された。だが、簡文帝を褒めたことで、桓温の意に背くことになって左遷され、失意のうちに死去する。

『晉書』習鑿歯伝は、『漢晉春秋』の執筆意図について、桓温の東晉簒奪を批判することに求める。この執筆目的は、正統論の中でどのように表現されているのであろうか。

正統の所在

中国における国家の正統性に関する議論は「正統論」と総称されるが、当初からは「正統」という言葉を用いていない。もちろん正統という観念は存在しており、それが後の「正統」の枠組みにも導入される。最初に「正統論」を明示した北宋の欧陽脩は、『春秋公羊伝』の「君子は正に居ることを尊ぶ」（隠公三年）と「王者は統一を尊ぶ」（隠公元年）を典拠に、「正統」という言葉を用いた。

習鑿歯は、欧陽脩よりも早く正統性を「正」と「統」に分けて考えており、その両者を満たすことが「正統」であるとした。「正」とは、禅譲・放伐など易姓革命〔天命が革まり天子の姓が易わること〕により終始五徳説〔国家が木→火→土→金→水という徳により移り変わると革命を正統化する説〕に基づいて、自らの国家の正しさを述べるものである。たとえば、曹魏が堯舜革命〔火徳→水徳〕に準えて、漢魏革命〔火徳→水徳〕を禅譲で行ったことがこれに当たる。これに対して、「統」とは、中国を統一することで、春秋公羊学の「大一統」の「統」である。『晉書』は、習鑿歯が『漢晉春秋』を執筆した意図を次のように述べている。

> このとき、①桓温は（東晉を簒奪するという）非望を不法にも持っていたので、習鑿歯は襄陽郡で『漢晉春秋』を著して、これを正した。漢の光武帝から（記述を）始め、晉の愍帝までとした。三国時代では、②蜀は宗室であるため正とした。③魏武は漢より受け晉に禅ったが、簒逆とした。④文帝（司馬昭）が蜀〔季漢〕を平定するに至り、ようやく漢は亡びて晉が興った。（それは）⑤世祖（司馬炎の）諱である「炎」を引いて（西晉が）「興」り〔蜀漢最後の元号は炎興〕禅譲されたことで証明される。

（『晉書』巻八十二 習鑿歯伝）

習鑿歯の「正」と「統」の考え方によれば、統一国家の存在しなかった三国時代には、「正」と「統」を兼ね備える「正統」な国家はない。それ以前に存在した「漢」の「正統」は、④季漢〔蜀漢〕を滅ぼした後に、中国を統一し得た「晉」へと継承される。したがって、三国の中では、③曹魏は「簒逆」であり、漢を継承している季漢は漢の②宗室であるため「正」となる。季漢から西晉へと「正」が受け継がれることは、⑤季漢の最後の元号である「炎興」という文字に、司馬炎が興ると明記されていることで、その天意が示されているとするのである。

そうであれば、晉を奪う「正」も中国を「統」一できる武力も持たない①桓温が、蜀を征服した程度で、自らを劉備に準えることはできまい、となるのであるが、少しく説明が足りない。ここでは習鑿歯が、東晉における桓温の台頭という現実の問題と向き合いながら「正」と「統」のあり方を史書により明示した、と『晉書』習鑿歯伝が主張していることだけを確認し、諸葛亮との関係の中で、桓温の位置づけをさらに探っていこう。

諸葛亮と桓温

習鑿歯の『漢晉春秋』は、諸葛亮について独自の資料を伝える。そのなかで、最も有名なものは、「死せる諸葛、生ける仲達を走らす」である。これは、晉の始祖である司馬懿〔仲達〕を美化することなく、人々の言葉をそのまま記録した「直書」である、とされることもある。だが、習鑿歯は蜀に取材に行ってはおらず、「諸葛」「仲達」と韻を踏むことからも、聞き書きではあるまい。習鑿歯が自らも仕える晉の宣帝司馬懿の敗退をあえて記してまで描きたかったことは、諸葛亮の北伐への思いであろう。『漢晉春秋』に「後出師表」を収録することも、北伐を重視する現れである。

諸葛亮の「後出師表」は、陳寿の『諸葛亮集』には収録されず、習鑿歯が張儼〔孫呉の大鴻臚〈外務大臣〉〕の『黙記』から採録したものである。習鑿歯がこれを収録したのは、冒頭の「先帝〔劉備〕は（季）漢と賊（の曹魏）とが両立せず、王業は（蜀という地方に）偏って安定してはならぬことを憂慮されました」という表現に込められた、諸葛亮の「一統」への思いを尊重したことにあろう。前漢・後漢を継承する「正」でありながら、「統」ではなかった蜀漢において、「統」を求めて北伐を続けた諸葛亮に対して、習鑿歯は埋もれていた資料を発掘するほど、これを高く評価したのである。

諸葛亮に好意的な習鑿歯が、唯一亮を批判する事例は、「統」への機会を失った場面である。諸葛亮が泣いて馬謖〔街亭の戦いの命令違反で、北伐を失敗させた〕を斬った後、蒋琬〔諸葛亮の部下、のち後継者〕がこれを惜しむと、諸葛亮は孫武〔孫子、兵法家〕が法を明らかに用いたことを挙げて、蒋琬の意見を抑えた。

だが、習鑿歯は、史論においてこれに反論する。習鑿歯は、諸葛亮が天下を統一できなかった理由を曹魏よりも人才が少ない蜀漢で「俊傑」を殺したことに求める。さらに、劉備が馬謖を重用しないよう戒めたのに、諸葛亮がその「非才」を思わず、街亭の守りを任せたことも批判する。しかし、馬謖が「非才」であれば、「俊傑」を殺したことにはならず、習鑿歯の史論は矛盾している。それでも習鑿歯は、諸葛亮がこの有り様では共に、「智を言ふ可き者」を得るのは難しい、と述べて、やや感情的ですらある。諸葛亮が北伐に失敗したことが、それほどまでに悔しいのであろう。

習鑿歯は、人物の評価は行為の根本を定めるか否かによる、という。そして、諸葛亮の漢を正す思いは、根本を尊ぶ心である、と高く評価する。したがって、その行動について、「誰か不可と云はんや」と諸葛亮を弁護する。諸葛亮の根本は、季「漢」という「正」の国家に「統」を復興することにあった。だが、それを目的とする北伐は失敗し、「統」を実現することはできなかった。それでも、その行為を、その志を「不可」と言うことはできない、と習鑿歯はいう。「正」のために「統」を目指す北伐だったからである。

これに対して、桓温の北伐はどうか。三次にわたる北伐によって、桓温は長安に迫り、洛陽を回復している。諸葛亮よりも「統」に近づいた、と評してもよい。では、その行為の根本は「正」であるのか。「正」は、それを漢から受け継いだ晉にあり、桓温は曹操の漢に対するあり方と同様、簒奪を目指す「逆」であった。

もちろん、あらゆる国家の端緒は、当初は「逆」として存在する。それでは「逆」は、何によって「正」に変わるのか。それまで、終始五徳説に基づく禅譲革命によって理論化されていたこの問題について、習鑿歯は、劉備の即位に反対した費詩の左遷に賛同するなかで、次のように説明している。

習鑿歯は、「そもそも①創業の君主は、（天下が）大いに定まることを待って自分（の地位）を正すことを後にし、②継体の君主は、（自分が）速やかに立つことを待って多くの人の心を繋ぐものである。このために、（晉の）恵公が朝に（秦の）捕虜となると子の圉（晉の懐公）は夕方に即位し、更始帝がなお存命中に光武帝は帝号を称した。そもそも（二人は）どうして主君を忘れ（自分の）利益を求めるものであろうか、社稷のためなのである。いま先主（の劉備）は義兵を糾合して、賊（の曹操）を討とうとしている。賊は強く禍は大きく、主君は没し国家は滅び、（高祖劉邦・世祖劉秀という漢の）二祖の廟は、絶えて祀られていなかった。いやしくも③宗室の賢者でなければ、誰がこれを嗣ぐことができよう。……」と言っている。臣④裴松之が考えますに、習鑿歯の史論は、これが最も優れております。

（『三国志』巻四十一　費詩伝）

習鑿歯は、①創業の君主は、天下を大いに定め「統」を実現することを先にして、自分の地位を「正」すことを後にするという。「統」によって「逆」は「正」になるのである。換言すれば、一度は天下を統一した「正」で「統」な国家は、たとえ弱体化しても、「統」を実現する王者が現れるまでは「正」なのである。このため、②継体の君主〔前王の「正」を継承する君主〕は、自分が速やかに立つことで、多くの人の心を繋がなければならない。したがって、漢の③宗室の賢者である劉備は、漢を嗣ぐことができ、「統」でなくとも「正」を称せるのである。

となれば、諸葛亮が行う「統」を目指す北伐は、「正」のもとで行われる。これに対して、桓温が行う自らの権力強化を目的とする北伐は、「逆」の行為であった。桓温が晉に代わって「正」となるためには、「統」を実現することで「逆」の立場から「正」となるべきなのである。

ちなみに、劉宋（四二〇～四七九年）の裴松之が、④これが習鑿歯の議論の中で最も優れている、と褒めるのには、それなりの理由がある。劉宋の建国者である劉裕は、一時的ではあるが、洛陽・長安を奪還して、ほぼ天下を統一した。「統」の実現である。そののち、晉から禅譲を受けて宋（劉宋）を建国している。「正」への転換である。北伐に敗れた桓温は、それを成し遂げられなかった。

習鑿歯は、天下を統一せずとも、禅譲革命により漢→魏→晉と「正」が継承された、という従来の正統論を覆した。項羽と劉邦の楚漢戦争、そして赤眉の乱を「統」一することで「正」となった漢から、三国を「統」一することで「正」となった晉へと「正」が継承されたと説く『漢晉春秋』は、桓温が天下を統一できない限りにおいて、桓温による東晉の簒奪を防ぐ理論を内包する史書だったのである。

東晉の習鑿歯が著した『漢晉春秋』は、五徳終始説に基づく禅譲革命の正統性に代わって、天下を統一する「統」を最も重視する。そこに、天下の統一を失い、中国の南半分のみを支配する東晉の歴史性の反映を見ることができる。そして、「統」を優先しながらも、これまで重視されてきた禅譲革命を受け得るような「王の徳」も重視する。それが「正」である。たとえ「統」を実現しても、始皇帝のように「正」がなければ、正統とは見なし得ない。こうした「正」と「統」の考え方より導き出されたものが、習鑿歯の正統論であった。

いまだ天人相関説（万物の主宰者である天は、徳を修めた者を天子とする一方で、堕落した天子を譴責し、改めなければ他者に天命を改める」に基づく五徳終始説が強かった東晋において、習鑿歯の正統論は主流とはならなかった。だが、天人相関説が揺らいだ北宋以降に本格化する「統」を重視する正統論の先駆けとして、無視できない主張となった。とりわけ、「正統論」において重視される三国の蜀漢、なかでも諸葛亮の「正」を主張したことは、習鑿歯自身は蜀漢を「正」ではあるが「正」と「統」を合わせ持つものとは考えていなかったとしても、後世の蜀漢正統論に大きな影響を与えたのである。

第四章　「史」の自立と「記言の体」

『三国志』裴松之注

三國志一

魏書一

武帝紀第一

太祖武皇帝沛國譙人也姓曹諱操字孟德漢相國參之後太祖一名吉利小字阿瞞　王沈魏書曰其先出於黃帝當高陽世陸終之子曰安是爲曹姓周武王克殷存先世之後封曹俠於邾春秋之世與於盟會逮至戰國爲楚所滅子孫分流或家於沛漢高祖之起曹參以功封平陽侯世襲爵土絕而復紹至今適嗣國於容城桓帝世曹騰爲中常侍大長秋封費亭侯司馬彪續漢書曰騰父節字元偉素以仁厚稱鄰人有亡豕者與節豕相類詣門認之節不與爭後所亡豕自還其家豕主人大慚送所認豕并辭謝節節笑而受之由是鄉黨貴歎焉長子伯興次子仲興次子叔興騰字季興少除黃門從官永寧元年鄧太后詔黃門令選中黃門從官年少溫謹者配皇太子書騰應其選太子特親愛騰飲食賞賜與衆有異順帝即位爲小黃門遷至中常侍大長秋在省闥三十餘年歷事四帝未嘗有過好進達賢能終無所毀傷其所稱薦若陳留虞放邊韶南陽延固張溫弘農張奐潁川堂谿典等皆致位公卿而不伐其善蜀郡太守因計吏修敬於騰益州刺史种暠於函谷關搜得其牋上太守并奏騰內臣外交所不當爲請免官治罪帝曰牋自外來騰書不出非其罪也乃寢暠奏騰不以介意常稱歎暠以爲暠得事上之節暠後爲司徒語人曰今日爲公乃曹常侍恩也騰之行事皆此類也桓帝即位以騰先帝舊臣忠孝彰著封費亭侯加位特進太和三年追尊騰曰高皇帝養子嵩嗣官至太尉莫能審其生出本末續漢書曰嵩字巨高質性敦慎所在忠孝爲司隸校尉靈帝擢拜大司農大鴻臚代崔烈爲太尉黃初元年追尊嵩爲太皇帝吳人作曹瞞傳及郭班世語竝云嵩夏侯氏之子夏侯惇之叔父太祖於惇爲從父兄弟嵩生太祖太祖少機警有權數

『三国志』（清・四川大字本）　大きな文字が本文で、割注が裴松之注である。

1　史書の濫造

裴松之の『三国志』注

陳寿の『三国志』は、同時代史である。陳寿自らも仕えた蜀漢をはじめとする三国の歴史を関係者が生存している西晋時代に著した。このため、差し障りがあって書けないことも多く、また内容も簡潔に過ぎた。そこで、劉宋の文帝は、裴松之に『三国志』に注をつけることを命じた。こうして、元嘉六（四二九）年に完成したものが、裴松之の『三国志』注である〔以下、裴注と略称〕。

裴松之は、注をつけるにあたって、『三国志』の原材料ともなった多くの書物を引用して『三国志』の記述を補う、という方法を採った。このため裴注には、実に二百種以上の文献が、ときに史料批判と共に引用されており、『三国志』は裴注を得て、その価値を飛躍的に高めた。

中国史学において、史料批判に基づき、本文の正しさを検証する方法論を自覚的に採用したものは、裴注が最初である。それは、儒教に従属していた「史」が自立していくなかで、自らの方法論を模索する試みから生まれた。

別伝の盛行

裴注が二百種を超える多くの書籍を引用したのは、後漢「儒教国家」の崩壊後、史書が大量に著されたことによる。班固が「国史」を改竄しているとの讒言を受けて投獄されたように、本来、史書は国家が編纂するものであった。しかし、三国時代以降、皇帝権力の弱体化、および貴族制の形成に伴って、多くの史書が編纂されていく。その背景には紙の普及もあり、私的な利益のために人物伝を著し得る環境が、醸成されていた。

たとえば、後漢末の孔融が著した「汝潁優劣」論は、その魁である。孔融は「汝潁優劣」論により、実現が困難な儒学的国家理念を貫徹させようとする抵抗型の知識人を汝南郡出身者に求める一方で、漢の理念から乖離した行動をとる体制順応型の知識人である潁川郡出身者を批判した。荀彧・郭嘉をはじめ曹操を支えた「名士」〔名声を存立基盤とする三国時代の支配者層〕には、潁川出身者が多い。潁川郡の許県に曹操が拠点を置いたのは、このためである。曹操に反発する孔融が著した「汝潁優劣論」は、「名士」の存立基盤である人物評価の競い合いを郡を単位に行ったもので、帝王の記録ではない。地域や個人の名誉のため、あるいは政争の具として著される人物伝の始まりである。

このように、国家が史書を編纂する権限の独占を失うことは、価値観の多様化をまねき、画一的な専制支配に資することにはならない。このため三国を統一した西晋は、史官制度の整備を図り、著作郎・佐著作郎が国史を編纂するという体制を作りあげた。「史」という文化的価値を国家に収斂することを目指したのである。そして、九品中正制度〔魏から始まる官僚登用制度、「名士」層の人物評価を状(じょう)と名付けて採用基準の一つとした」と深い係わりを持つ人物伝についても、国家への収斂を目指した。具体的には、佐著作郎に名臣伝の執筆を義務づけることで、国家が人物伝の著作を専有しようとしたのである。佐著作郎は、晉代には貴族の起家(きか)官として多くの就官者を得ており、著された名臣伝も多数にのぼる。そうした起源を持ち、それ以外の広がりもみせる一連の著作が「別伝(べつでん)」と呼ばれる人物伝である。別伝の伝主は魏晉(ぎしん)期を中心とし、東晉(とうしん)以降のものは存在しない。別伝は、魏晉期を特徴づける史書なのである。

趙雲別伝

別伝は、三種に大別される。第一は、作者の縁故者を描く別伝である。縁故者を描く別伝は、その家に有利な史書を著して、門地(もんち)〔一族の地位〕の社会的評価を上昇させることを目指したものが多い。別伝を描くことは、単に伝主だけではなく、その一族の地位の上昇にとって有利なことだったのであろう。第二は、新たなる文化的価値の宣揚(せんよう)を目指した別伝である。個人的に趣味の近い人の伝記を描く、という新しい歴史の書き方が生まれた。玄学(げんがく)〔老荘思想を儒教の枠内で復興した哲学〕などの新たな文化的価値を固定するうえで、その人の爲人(ひととなり)を表現する別伝は、有効な手段であった。これらの別伝の中からは、やがて袁宏(えんこう)の『竹林七賢伝(ちくりんしちけんでん)』のように、多くの同種の人士をまとめた著作に発展するものもあった。第三は、佐著作郎・著作郎が著す別伝である。これにより、国家は人物伝の収斂を目指したが、第一・第二の別伝も多く、人物伝を著すことは国家に収斂されなかった。新たな文化的価値の宣揚、門地の地位向上のために、あるいは物語に近い別伝も描かれた。

たとえば、『三国志』趙雲伝の裴注には、『趙雲別伝』という作者不明の別伝が、一〇九六字も引用される。実に本文の四倍である。しかも、陳寿の『三国志』趙雲伝と、裴注に引かれる『趙雲別伝』の趙雲像とは、大きく異なる。

『三国志』趙雲伝では、趙雲が長坂坡の戦いで阿斗〔劉禅、劉備の子〕を保護したことは書かれるものの、あとは北伐で曹真に敗れ、死後に順平侯となったことが記されるだけである。評において、趙雲を夏侯嬰〔前漢の建国者劉邦の御者。敗走中に劉邦が捨てた子を拾って車を走らせ続けた〕に準えているように、陳寿の描く趙雲は、劉備の家族の護衛隊長である。

これに対して、『趙雲別伝』では、趙雲は劉備と同じ床で眠ったとされる。挙兵時から劉備を支えた関羽・張飛と同じである。長坂坡の戦いでの働きは、金石を貫くほどの節義と高く評価される。また、孫夫人〔政略結婚で嫁いでいた孫権の妹〕が劉禅を呉に連れ帰ることを防ぎ、益州平定時には、成都の建物・土地の分配に反対する。そして曹操に敗れた黄忠を救出し、城を開け放って曹操を迎え撃つ空城計を行い、「子龍の身体はすべて肝っ玉である」と劉備に評価される。さらには、関羽の仇討ちのため、孫呉の討伐を目指す劉備に堂々と反対する。

このように『趙雲別伝』に記される趙雲は、関羽・張飛と並ぶ股肱で、君主にも諫言する知勇兼備の将である。明代（一三六八〜一六四四年）に成立する歴史小説の『三国志演義』は、何の躊躇もなく『趙雲別伝』に従いながら、「五虎将」の一人に任命される虚構を加え、至誠の名将としての趙雲像を作りあげていく。

裴松之は、このような別伝に記される様々な「異聞（いぶん）」を陳寿の本文に注として付けていった。そうした作業を行う中で、別伝の盛行は裴松之に史料批判を必要とさせたのである。

2 史学独自の方法論

史料批判

史料批判とは、近代歴史学の基本となる方法論である。ある史料の記述が、正しいのか否か、それを記述内容や他の史料との比較などから追究する。これまでの史書の記述においても、史料批判が全く行われなかったわけではない。司馬遷も班固も自らの史観に基づき史料を精選している。しかし、裴松之の史料の収集と記事の選択は、従来のそれとは量的に隔絶する。裴注が引用する書物は、経部（けいぶ）〔儒教経学〕二四種・史部（しぶ）〔史書〕一四二種・子部（しぶ）〔哲学・自然科学〕二三種・集部（しゅうぶ）〔文集・文学〕二三種の二一一種に及ぶ。その中で最多を占める史部は、別伝のような偏向（へんこう）を含む私的な人物伝を中心とした。そのため、裴松之は史料を取り扱う原則を立て、史学独自の方法論を確立していく。

裴松之は、「三国志注を上（たてまつ）る表」の中で、その方法論について、次のように述べている。

考えますに、三国は年代としては、さほど隔たっていないとはいえ、事柄は漢代と晋代にも関わり、その及ぶところは百年にもわたっております。記録は錯綜して、矛盾が少なくありません。そこで陳寿が記載しなかった事柄も、記録すべきものは、①すべて採録することでその欠を補いました〔補闕〕。同じ一事を述べながら、叙述に乖離がある場合や、異説に基づいた記録のうち、正誤の判断ができない場合には、ともに注の内に抜き書きして記録することにより②異聞を備えました〔備異〕。もし誤謬が歴然としている場合、記述が不合理である場合には、誤りに応じて訂正することで③その虚妄を懲戒いたしました〔懲妄〕。史事の理非曲直、および陳寿のわずかな誤りには、いささか愚見により④論評したものがございます〔論弁〕。

（裴松之「上三国志注表」）

このように裴注は、①「補闕」〔記事を補う〕、②「備異」〔本文と異なる説を引く〕、③「懲妄」〔本文および引用史料の誤りを正す〕、④「論弁」〔史実への論評〕という四種の体例に基づいて付けられた。しかも、四種の体例は組み合わせて用いられる。

たとえば、劉備が諸葛亮に三顧の礼を尽くしたという『三国志』諸葛亮伝の記述について、裴注は、諸葛亮が先に劉備を訪ねたことを伝える魚豢の『魏略』と司馬彪の『九州春秋』を附す。これが②備異である。そののち、次のように述べている。

臣　裴松之が考えますに、諸葛亮の出師表に、「先帝〔劉備〕は臣の卑しきことを厭わず、みずから身を屈して、三たび臣を草廬に顧みられ、臣に当世の情勢をお尋ねになりました」と言っております。そうであれば、諸葛亮が先に劉備を訪れたのではないことは、明らかです。見聞きしたことが言葉を異なるものとし、それぞれあれこれ（の違い）が生ずるとはいえ、それでも背反することがここにまで至るとは、まことに怪しいこととすべきです。

（『三国志』諸葛亮伝注）

このように裴松之は、諸葛亮の著した「出師表」を引用して、諸葛亮が先に劉備を訪れたのではない、と考察する。これが③懲妄である。異なる内容の史料を掲げ、より信憑性の高い「出師表」に照らし、それらの史料の正確性を考察する内的史料批判を行っているのである。

また、裴注は、たとえば『孫資別伝』を引用した際には、それが孫資一族が著したものであるため、孫資の失態を隠そうとしている、と評している。孫資は、曹魏の明帝に仕えた寵臣である。明帝の死去に際して、孫資は劉放とともに病床にある明帝から、幼少の太子曹芳の輔政となすべき人物の人選を依頼された。孫資は、私怨から適任である燕王の曹宇を排除して、曹爽および司馬懿を薦めた。両者の争いに司馬懿が勝利をおさめることで、司馬氏は権力を確立して西晉を樹立したのであるから、孫資は私怨により曹魏滅亡の原因を作ったことになる。ところが、裴松之の注に引く『孫資別伝』は、明帝から射声校尉の欠員を相談された時すらも、孫資は明帝の意向を尊重して、人事に介入することがなかった、と強調する。これは、孫資がつねに明帝の判断を尊重したように書くことにより、私怨から燕王曹宇を排除し、曹爽・司馬懿を薦めたことを間接的に否定するためである。『孫資別伝』には、孫資擁護のための偏向が明確に現れている。

これについて、裴松之は『孫資別伝』を引用した後に、次のように論じている。

> 孫資と劉放は、当時において専権を握っていたとされ、機密を掌握し、政事を総括していました。孫資と劉放は（明帝が自分の死後を誰に）委託すればよいかという諮問を受け、安危に当たって決断すべきなのに、ことさらに答えを違え、的確に判断しませんでした。親任を受けながら、理としてこのようで良いのでしょうか。本伝と諸書を調べてみると、ともに劉放と孫資が曹爽を称賛し、司馬宣王を召し寄せることを薦めております。魏帝室の滅亡、その禍はこれに基づくと言えましょう。孫資の別伝は、その家より出たもので、この言葉によって孫資の大失態を覆い隠そうとしております。しかしながら、国家に背いた玷は、絶対に磨き直せないのです。
>
> （『三国志』劉放伝附孫資伝注）

裴松之は、このように曹魏滅亡の原因を孫資に求められないように隠蔽するものである、と『孫資別伝』の記事を批判する。そして、記述の偏向原因を『孫資別伝』が「その家より出たもの」であることに求めている。ここでの④論弁は、史料の出所により文献を考証する外的史料批判である。

このように裴松之の内的・外的史料批判には、史学独自の方法論の確立を見ることができるのである。裴松之が『三国志』注を完成した十年後の元嘉十六（四三九）年、劉宋の文帝は、「元嘉の治」〔劉宋文帝期の整った統治〕の現出に力があったされる玄・儒・文・史の「四学館」を設立する。「史」

は、制度的にも一つの文化的価値として承認されたのである。裴注の成立という内的要因に加えて、外的条件も整備されたと評してよい。ここに、中国における「史」の自立を設定することができよう。

史実への接近

裴松之が、史料批判を行いながら多くの史料を引用したことにより、三国時代の史実を明らかにしようとする際に、その記述に偏向を持つ陳寿の『三国志』を相対化できるようになった。裴注の中には、陳寿が採用しなかった多くの史書が引用されるためである。もちろん、裴注以外にも、『後漢書』や『晉書』、あるいは類書である唐の『藝文類聚』や宋の『太平御覧』には、すでに散佚した曹操の「軍令」や『諸葛氏集』の遺文が部分的に引用される。あるいは、梁の昭明太子が編纂した『文選』には、曹操や曹植の残した文学作品が収録される。裴注に加え、これらの諸資料に基づき、『三国志』の史料批判を行うことで、三国時代の史実を完全に復原することはできるのであろうか。

その際、われわれの前に立ちはだかるのが、史書における「記言」（言葉を記すこと）の問題である。「はじめに」で例示した、項羽の歌を誰が聞いていたのかという問題である。創作された物語と記録された歴史との違い、それは、たとえば「三国志」では、歴史小説の『三国志演義』と正史『三国志』の違いとして、前者は虚構を含み、後者は史実を記すと説明されることも多い。果たして、物語と歴史とは、そのように明確に区別できるものなのであろうか。

3　物語と歴史

物語と歴史の未分化

物語と歴史を分けることが難しいのは、史書の中に内包される物語的な要素のためである。今日の「近代歴史学」から見れば、虚構と判断すべきものが、「史」部の書籍の中にも多く含まれている。そこには、物語と歴史の未分化という問題が横たわっている。

たとえば、曹操の悪逆さを示す逸話として、よく知られているものに、呂伯奢殺害事件がある。董卓の暗殺に失敗した曹操は、逃走中に誤って父の友人である呂伯奢一家を殺害する。曹魏を正統とする陳寿の『三国志』は、曹操の悪事を諱んで、これを記さない。

裴注は、この事件に関して、三つの史料を①補闕する。また、曹魏が存在していたときに著された王沈の『魏書』には、次のように記されている。

> 太祖（曹操）は、董卓の計画が必ず失敗に終わると判断したので、結局（董卓の）任命に応じず、郷里に逃げ帰った。数騎の供をひきつれ、旧知の間柄にある成皋の呂伯奢の家に立ち寄った。呂伯奢は留守で、その子どもたちは食客とぐるになって太祖を脅かし、馬と持物を奪おうとした。

> 太祖は自ら刀を手にして数人を撃ち殺した。
>
> （『三国志』武帝紀注引『魏書』）

王沈の『魏書』は、「多くその時々の権力者のために諱み、陳寿の『三国志』が実録であることに及ばない」（『晉書』王沈伝）と評されている。曹魏に生きた王沈が、曹魏を正統として著した史書であるため、曹操の悪事は曲筆〔事実を曲げて真実を記録しないこと〕により隠蔽される。したがって、王沈の『魏書』では、非はあくまでも曹操を脅かした呂伯父の子どもたちにある。ここに曹操の「奸」は描かれない。

これに対して、西晉の郭頒の『魏晉世語』には、次のように描かれている。

> 太祖は呂伯奢の家に立ち寄った。呂伯奢は外出していたが、五人の子はみな家にいて、主人と客の間の礼儀も備わっていた。太祖は自分が董卓の命令にそむいていたから、かれらが自分を始末するつもりではないかと疑いを抱き、剣を振るって夜の間に八人を殺して去った。
>
> （『三国志』武帝紀注引『世語』）

西晉で著された郭頒の『魏晉世語』は、曹操の悪事を諱む必要はない。ここでは、曹操の「悪」が明示されている。『魏書』では数人とあった殺害人数が、八人と細かくなっている点にも注目したい。一般的に、虚構は創りこむほどに細かくなることが多いためである。

そして、蜀漢の正統も説かれていた東晉で著された孫盛の『異同雑語』には、この逸話は次のように記されている。

太祖はかれらの用意する食器の音を耳にして、自分を始末するつもりだと思い込み、夜のうちにかれらを殺害した。そのあと悲惨な思いにとらわれたが、「わたしが人を裏切ることがあろうとも、他人にわたしを裏切らせはしないぞ」と言い、かくして出発した。

（『三国志』武帝紀注引『雑記』）

三国時代から遠く離れた東晉の孫盛の『異同雑語』で、曹操は、突然話し出す。『三国志演義』では、「人」が「天下の人とされ、自分が裏切っても「天下の人」を裏切らせない「姦絶」曹操の「姦」を象徴する発言とされる。だが、いったい曹操の発言は、誰が聞いていたのか。なぜ、それまでの史料は、曹操の言葉を記載しないのか。裴松之は、ここでは孫盛の「記言」について、とくに何も言わない。三つの史料を①補闕し、②備異するだけである。裴松之は、ここでは③懲妄を行っていないが、納得したわけではあるまい。裴松之は、これらの異同をどのように考えていたのであろうか。

理による批判

裴松之が③懲妄を行う場合、その根拠を何に求めるのかについて、他の事例から検討してみよう。蜀漢が成立する直前に、劉備集団に加入した馬超の逸話である。裴注は、『三国志』馬超伝に、楽資の『山陽公載記』を次のように引用している。

馬超は、劉備が（自分への）手厚い待遇を見て、劉備と話をするときに、いつも劉備を字（の玄徳）で呼んだ。関羽は怒り、馬超を殺すことを願った。劉備は、「人が困窮して来て我に帰したのだ。卿たちは怒るのに、我の字を呼ぶことを理由としている。それにより馬超を殺せば、何によって天下に（人のあり方を）示すのであろうか」と言った。張飛は、「それならば、馬超に礼を示してやりましょう」と言った。翌日、大きな会合を開くと、馬超に来るように招いた。関羽と張飛は、ともに刀をついて（劉備の脇に）侍立した。馬超が座席を眺めると、関羽と張飛がいない。ふたりが侍立しているのを見ると、大いに驚き、そうして一度たりとも劉備の字を呼ばなくなった。翌日（馬超は）嘆息して、「我は今になってようやく自分が敗れた理由を知った。人の主君の字を呼んだため、あやうく関羽と張飛に殺されるところであった」と言った。これ以後はようやく尊重して劉備に仕えた。

（『三国志』馬超伝注引『山陽公載記』）

こうした『山陽公載記』の記事に対して、裴松之は、次のように③懲妄を行っている。

臣 裴松之が考えてみますに、馬超は困窮して劉備に帰順し、その爵位を受けました。どうして傲慢にも劉備の字を呼ぶことができましょうか。しかも、劉備は蜀に入る際に、関羽を留めて荊州に鎮守させていました。関羽はいまだかつて益州〔蜀〕に居たことはありません。そのため関羽は、馬超の帰順を聞いて、書簡で諸葛亮に馬超の人才が誰に比較できるのかと尋ねている

> のです。本書の言うようなことなどあり得ません。関羽はどうして張飛と共に侍立することができるでしょうか。そもそも人の行動は、みなそれがよいと思って行うものです。それが不可であることを知れば、行うことはありません。馬超がもし本当に劉備の字を呼んだのであれば、（それは）また理としてそうすべきだと思ったからです。たとえ関羽が馬超を殺すことを願っても、馬超は聞くことができません。（馬超が）ただ二人の侍立することを見て、どのような理由で直ちに（二人が侍立しているのは、自分が劉備の）字を呼んだためであると知り、あやうく関羽と張飛に殺されるところであったと言えるのでしょうか。言葉が理を経ないで記されることは、深く憂慮すべきことです。（『献帝春秋』を著した）袁暐や楽資たちの記すものの多くが、猥雑で虚偽や誤謬のあることは、ほとんど枚挙に暇もありません。
>
> （『三国志』馬超伝注）

裴松之は、馬超が劉備の字を呼び得るような政治的状況になかったことに加え、関羽が一度も益州に居たことはなく、張飛と共に侍立できないと、『山陽公載記』の記述を論理的に反証する。そのうえで、楽資たちの記す多くのものが、言葉としての「理」を経ないことは、深く憂慮すべきである、と厳しく批判しているのである。

ここでは、叙述における論理性としての「理」の判断基準は、その言葉が経書に基づくか否かを基準としてはいない。経書は、判断基準ではないのである。裴松之は、史家としての自らの「理」に照らして、是否を判断している。こうした意味において、物語的な歴史叙述の破綻を「理」を経ないものとする裴松之の批判は、自らの「理」に基づく自律的な批判、あるいは主体的な史料批判と言えよう。「経」に跪くことを止め、あくまでも自分の「理」に照らして正しい「史」を追究する人間としての本性がそこにある。

ただし、それは、裴松之という個人の「理」に内在する恣意的な偏向を持つ非客観的な、あるいは非「近代」的な史料批判でもある。裴松之による他の史書への批判を検討することで、その恣意性を明確にしていこう。

裴松之の恣意

裴松之が、『三国志』注において、批判の対象とする史書は、孫盛『魏氏春秋』、張璠『後漢紀』、虞溥『江表伝』、郭頒『魏晉世語』、王沈『魏書』、楽資『山陽公載記』、袁暐『献帝春秋』、張騭『文士伝』、作者不明の『孫資別伝』・『魏末伝』の十書である。判明する著者の多くは、寒門〔貴族ではない家柄〕の出身である。裴松之は、名門貴族「河東の裴氏」の存立基盤として「史」の卓越性を貴族としての存立基盤にしようとしていた。西晉の杜預は、史官の重要性を孔子に準えている。史官としての名声は、貴族の存立基盤となるほど重要なものであった。そうしたなか、たとえば呉に亡命した袁迪の孫にすぎない袁暐、祖先も不明な楽資などが、史書の編纂を欲しいままに行うことは、裴松之の認め得るものではなかった。

曹操が袁氏を滅ぼした際に、袁氏を支え続けた審配は、逃げまどい井戸に隠れて捕らえられた、とている。

伝える楽資（がくし）の『山陽公載記』と袁暐（えんい）の『献帝春秋』に対して、裴松之は口を極めて次のように批判している。

臣（わたくし）裴松之が考えますに、審配（しんぱい）は一代の烈士で、袁氏の死臣であります。どうして（袁氏の）命数が窮まった日にあたり、身を井戸に隠そうとするでしょうか。この記述の信じ難いことは、まことに簡単に分かります。①楽資（がくし）や袁暐（えんい）といった徒（やから）は、けっきょくどんな人物か知りませんが、②事の是非を識別する能力がないのに、軽々しく筆を弄（もてあそ）び、妄（みだ）りに異端（いたん）（な史書）を生み出して、その書を流通させています。このような類（たぐい）のものは、視聴を欺（あざむ）き、後世の人々を惑わせ誤らせるのに十分なものです。まことに③史書の罪人であり、学問に習熟している者が相手としないものです。

（『三国志』袁紹伝注）

裴松之の楽資や袁暐など①「どんな人物か知らない」という口吻（こうふん）には、「史」を担うべき名門「河東の裴氏」の矜持（きょうじ）を感じることができよう。裴松之は、かれらが②事の是非を判断できずに、「異端」な史書を生み出して、世間を惑わすことが我慢ならなかった。③「史書の罪人」という断罪は、そうした裴松之の怒りの表現である。

とりわけ、裴松之はそうした「異端」が、国史に採用されることを憂慮した。

郭頒の編纂した『魏晉世語』は、拙劣で文章の調子も悪く、もっとも下等ですが、時に変わった記録があるので、非常に世に広まり、干宝や孫盛などは多くその記録より取材して晉史（『晉紀』・『晉陽秋』）を編纂しております。その中にはこのような虚妄が、往々にしてございます。

（『三国志』三少帝紀注）

裴松之は、このように郭頒の『魏晉世語』の記事が、干宝の『晉紀』や孫盛の『晉陽秋』という晉の国史に採用されていることを危惧する。客観的な史実を解明するために史料批判を行う「近代歴史学」とは異なり、『春秋左氏伝』を祖と仰ぐ中国の史学は、春秋学の尊重する「春秋の義」の中でも、勧善懲悪を明らかにすることを重視し、国政の鑑とするために史書を描く。したがって、国家の正統性に関わる記述内容に虚偽が含まれること、国家の正統性を論ずる史論が誤っていることは、裴松之にとって許し難いことであった。

言い換えれば、国家の正統性を示すためであれば、記述内容が客観的な史実と異なっていても、それは「正しい」記述となる。儒教との関わりの中で展開する中国の史学は、客観的な史実としての正しさを求めるものではなく、国家の正統性を示すものであった。

たとえば、劉宋に生きた裴松之は、「劉」と「漢」に肩入れする。裴松之の注が、劉宋の文帝の勅命を受けて編纂された注であり、劉宋の開祖劉裕が「漢の子孫」と自称したことを考えれば、それは自明のことであろう。裴松之が漢を最後に守ろうとした荀彧を高く評価することは、『後漢書』を著す范曄など劉宋の史家に共通する傾向である。西晉の陳寿の『三国志』が荀彧の曹操に殺されたことを隠すのとは、明確に異なる「漢」への視座を持つのである。また、蜀漢を支え続けた諸葛亮を高く評価するという裴松之注の特徴も、「劉」と「漢」への肩入れに理由がある。あるいは、多くの別伝の恣意性を批判しながらも、先に掲げたように、陳寿の趙雲伝に比べて、趙雲を非常によく描く『趙雲別伝』については、趙雲伝の四倍以上の字数を引用して、史料批判を行わないことも、同様の文脈で理解できるのである。「劉」と「漢」への肩入れには、裴松之の恣意性が、明確に現れている。

4 煩悶する裴松之

『春秋左氏伝』の利用

恣意性を内包しながらも、自らの「理」により、史書の正しさを判断していった裴松之は、やがて史家の辿り着く最終地点で懊悩する。自ら歴史を見聞して記録することの少ない史家は、何らかの史料をもとに自らの史書を構築する。その場合、歴史上の人物の発言について、誰がその言葉を聞き、それがどう伝わったのかを明らかにできないことに悩む。「述べて作ら」ない伝統を持ち、儒教の圧倒的影響下で史書を執筆する中国の史家の場合、それは、先行する諸史料の是非を検討した際に、ある人物の発言が単なる捏造ではなく、経書をもとに構築されているときに、「記言の体」〔発言を記録した体裁」をどのように読み解くべきか、という問題になる。

具体的には、『春秋左氏伝』の言葉を用いて、ある人物の発言を作り上げている場合、それを是とすべきか非とすべきかという問題に裴松之は煩悶した。その際に、解決可能の場合もある。「記言の体」に矛盾がある場合には、それを指摘することで、懊悩から逃れることができるのである。それが孫盛の事例であった。

孫盛の『魏氏春秋』には、曹操が配下の諸将に対して劉備を評価した次のような言葉を伝える。

> 劉備は、人傑である。将来寡人を憂えさせるだろう（将に生きながら寡人を憂へしめんとす）。
>
> （『三国志』武帝紀注）

この言葉は、『春秋左氏伝』哀公伝二十年に基づいている。越王の句践に包囲され、追い詰められた呉王の夫差が、晋の使者に対して、句践は「生かしておいて私を苦しめようとしているのです（将に生きながら寡人を憂へしめんとす）」と訴えた言葉である。

孫盛の『魏氏春秋』は、訓読を見れば分かるように、『春秋左氏伝』の言葉を劉備に対する曹操の言葉として使った。しかし、曹操は劉備に包囲されている訳ではなく、明らかに使い方がおかしい。したがって、訳は「将来寡人を憂えさせるだろう」といった解釈にせざるを得ない。翻訳者泣かせの典拠の誤用であるが、問題はそこにはない。曹操は果たして、まるまる『春秋左氏伝』と同じ言葉を典拠とは異なる矛盾した形で引用しながら、述べたのであろうか。裴松之は、それを次のように考えている。

①史書が言葉を記す場合には、もとより潤色が多いものです。このため先代の史書が記す文章でも、事実でないことがあります。さらに②後世の編者が、私見を起こしてこれを改変することがあります。事実を失うということにおいて、いよいよ深刻となりましょう。そもそも孫盛は史書を編む際、③『春秋左氏伝』を用いて、藍本（らんぽん）の文章を書き換えることが多々あります。このような事例は一つに止まりません。ああ、後世の学者は、一体どこに真を求めればよいのでしょう。しかも④魏武（ぎぶ）がまさに天下に向かって志を励（はげ）まそうとしているときに、夫差（ふさ）が死を覚悟したときの言葉を用いるとは、まるで見当違いです。

（『三国志』武帝紀注）

裴松之は、孫盛が④「魏武〔曹操〕がまさに天下に向かって志を励まそうとしているときに、夫差が死を覚悟したときの言葉を用」いている矛盾を厳しく批判する。そして、裴松之は、①「史書が言葉を記す場合には、もとより潤色が多い」と、深刻なことを述べる。曹操は、このような言葉を発言していない、とするのである。しかも、②「後世の編者が、私見を起こしてこれを改変する」ので、さらに実態から言葉は乖離していくと言う。孫盛の場合では、③『春秋左氏伝』を用いて改めているものが多々ある、と裴松之は述べているのである。裴松之の言うとおり、孫盛による「記言」の創作は、この事例だけではない。

先に掲げた呂伯奢殺害事件で、突然「わたしが人を裏切ることがあろうとも、他人にわたしを裏切らせはしないぞ」と話し出した曹操の言葉にも、実は典拠がある。『春秋左氏伝』宣公伝十二年に記される事例であるが、楚と晉とが戦っているおり、楚の孫叔敖は晉軍の戦車を見て、次のように述べている。

進軍せよ。我が人に薄ることがあっても、人が我に薄らせてはならない（寧ろ我 人に薄るも、人 我に薄らしむること無かれ）……人に先んずるためである。

（『春秋左氏伝』宣公 伝十二年）

孫盛が『雑記』に記す、「寧ろ我 人に負くも、人 我に負かしむこと無からん」という曹操の言葉は、孫叔敖の言葉の「薄」を「負」に代えたものであることが分かる。ここでは、「人に先んずる」という言葉の使い方の文脈が、曹操の状況と『春秋左氏伝』とで同じであることから、曹操の言葉に不自然さはない。このように考えると、「姦雄」曹操を代表する言葉として人口に膾炙した「わたしが人を裏切ることがあろうとも、他人にわたしを裏切らせはしないぞ」は、曹操の言葉ではないと裴松之は判断していたことが分かる。

儒教経典の中でも、様々な「事実」を記す『春秋左氏伝』は、歴史上の人物の発言を捏造する際に好都合であった。裴松之は、それが「記言」に使われることを憂慮する。ただし、『論語』や『春秋左氏伝』といった誰でも修めている経書の場合には、捏造ではなく、実際に本人が言っている可能性もある。

「記言の体」が守るべきこと

同じく孫盛の『魏氏春秋』は、『論語』に典拠を持つ、曹魏の高貴郷公〔皇帝であるが、廃位されたので公と呼ぶ〕の曹髦が語る言葉を記している。曹髦が側近を従えて、専権を欲しいままにする司馬昭に対して兵を起こし、大臣の王経〔曹髦に忠を尽くし、のちに刑死した〕と会った場面である。

> 戊子の夜、皇帝〔曹髦〕は自ら冗従僕射の李昭・黄門従官の焦伯らを率いて陵雲台より下り、兵に甲と武器を与え、機に乗じて、こちらから打って出て文王〔司馬昭〕を討とうとした。その時ちょうど雨が降り、有司が日を改めるよう上奏したが、（皇帝は）そのまま王経らを引見し、黄色の絹に書かれた詔を懐から取り出して、「これが耐えられると言うならば、何が耐えられないであろうか（是れ忍ぶ可くんば、孰れか忍ぶ可からざらん）。今日ただちにこの事を決行すべし」と言った。皇太后の宮殿に参内して申し述べ、かくして剣を抜いて輦車に乗り、殿中の宿衛の奴隷・下僕を率いて戦鼓を打ち鳴らし、雲龍門から出撃した。
>
> （『三国志』三少帝紀）

曹髦の言葉は、『論語』八佾篇の「孔子が季氏を批判した、「（陪臣であるのに、天子や魯君にしか許されない）八佾の舞を（家廟の）庭で舞わせている。これが耐えられると言うならば、何が耐えられないであろうか（是れ忍ぶ可くんば、孰れか忍ぶ可からざらん）」と」と同じである。曹髦であれば『論語』を修めていたに違いなく、『論語』を典拠として発言することは不自然ではない。ただし、伝えるものは、孫盛の『魏氏春秋』である。「記言」は創作なのではなかろうか。こうした思いに揺れながら、裴松之は懊悩する。曹髦を司馬昭が弑殺させた際の陳泰〔陳羣の子。この発言を司馬昭に拒否されて自殺〕の賈充〔司馬昭の腹心、曹髦弑殺の責任者〕を斬るべしという発言を伝える『魏氏春秋』について述べながら、裴松之はとりあえず、次のように主張する。

> 孫盛（の『魏氏春秋』）が陳泰の言葉を改変したのは、やや干宝（の『晋紀』）に勝っている。それでも孫盛が言葉を変更した様々な箇所を調べると、すべて①別に異聞があったわけではなく、おおむね自分の意図により改め、多くは元のものとは異なる。およそ②人の言葉を記録するのは、当然その口から出たようにすべきである。言葉が優れているが事実と異なるものは、もとより君子の取らないところである。まして（言葉が）優れずいたずらに冗長で誤っているものは言うまでもない。
>
> （『三国志』陳羣伝附陳泰伝注）

裴松之は、孫盛が言葉を改変する際、①「別に異聞」があったわけではないと確信する。孫盛は、裴注のように「異聞」を集め、それを論拠に言葉を記したわけではない。すなわち、「記言」が、その発言者の言葉そのものではないことを裴松之も認めている。そのうえで、創作するのであれば、せめて②「人の言葉を記録するのは、当然その口から出たようにすべきである」ことが、「記言の体」である、と主張した。孫盛の「記言」は、言葉が優れず、いたずらに冗長で誤っており、あまりにも目を引く。

「古典中国」における「史」の自立

裴松之は、多くの「異聞」を集め、自らの「理」に基づいて、その是非を判断した。その結果、「記言」の捏造が、多くの史書で行われていることを感じた。しかし、それへの批判は、孫盛個人の問題に止（とど）めようとした。

これをすべての史書に拡大すると、正しさを「理」により求めようとした裴松之の史学は、信頼し得る根拠を喪失し、根底から行き詰まるためであろう。さらに言えば、虚構と史実との区別の消滅していく危険性がそこにはある。そうした危機を自覚しながらも、裴松之は自らの「理」に基づき、何が正しいのかを問い続けた。

それは、史書の役割が、絶対的に正しい史実を求めることではなく、国家の正統性や勧善懲悪といった「春秋の義」を示すことにあったが故に、可能となる折り合いであった。ここに、客観的な事実を探求する「近代歴史学」とは異なる、「古典中国」における「史」の自立を求めることができるのである。

第五章　史学と文学

范曄と劉勰

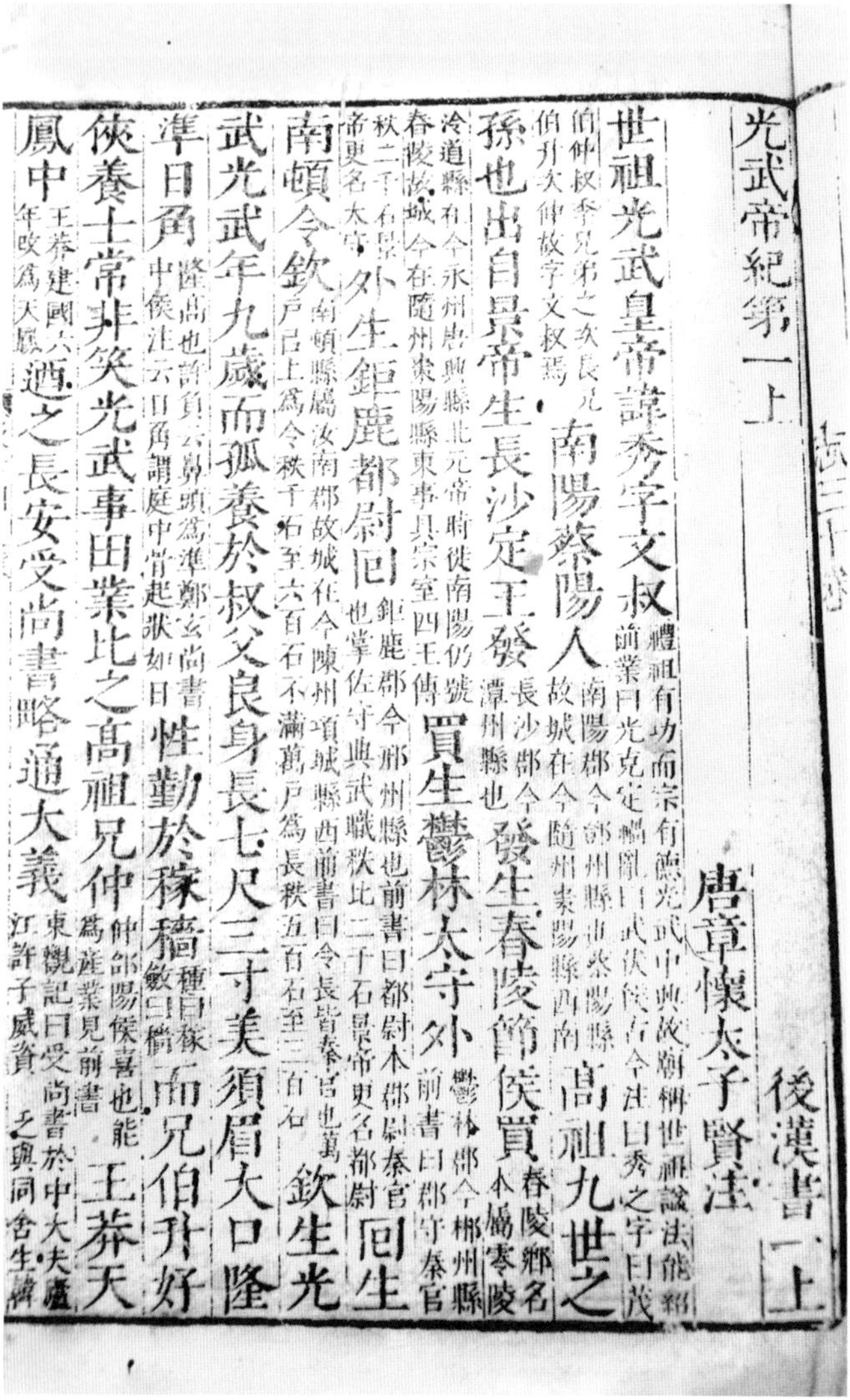

光武帝紀第一上　　後漢書一上

唐章懷太子賢注

世祖光武皇帝諱秀字文叔 禮祖有功而宗有德光武中興故廟稱世祖謚法能紹前業曰光克定禍亂曰武伏侯古今注曰秀之字曰茂伯仲叔季兄弟之次長兄伯升次仲故字文叔焉 南陽蔡陽人 南陽郡今鄧州縣也蔡陽縣故城在今隨州棗陽縣西南 高祖九世之孫也出自景帝生長沙定王發 長沙郡今潭州縣也 發生舂陵節侯買 舂陵鄉名本屬零陵冷道縣在今永州唐興縣北元帝時徙南陽仍號舂陵故城今在隨州棗陽縣東事具宗室四王傳 買生鬱林太守外 鬱林郡今郴州縣前書曰郡守秦官秩二千石景帝更名太守 外生鉅鹿都尉回 鉅鹿郡今邢州縣也前書曰都尉本郡尉秦官也掌佐守典武職秩比二千石景帝更名都尉 回生南頓令欽 南頓縣屬汝南郡故城在今陳州項城縣西前書曰令長皆秦官也萬戶以上為令秩千石至六百石不滿萬戶為長秩五百石至三百石 欽生光武光武年九歲而孤養於叔父良身長七尺三寸美須眉大口隆準日角 隆高也許負云鼻頭為準鄭玄尚書中候注云日角謂庭中骨起狀如日 性勤於稼穡 種曰稼斂曰穡 而兄伯升好俠養士常非笑光武事田業比之高祖兄仲 仲郃陽侯喜也能為產業見前書 王莽天鳳中 王莽建國六年改為天鳳 迺之長安受尚書略通大義 東觀記曰受尚書於中大夫廬江許子威資[illegible]乏與同舍生韓

『後漢書』（明・汲古閣本）　大きな文字が本文で、割注が李賢注である。

1　史書の文学性

『後漢書』と「諸家後漢書」

劉宋に同じく生きながら、異聞を集めて『三国志』に注を付けた裴松之に対して、范曄は集めた後漢に関する史書を自らの「一家の書」としてまとめあげた。「前四史」の掉尾を飾る『後漢書』である。

范曄が、元嘉九～十六（四三二～四三九）年に著した『後漢書』は、後漢の滅亡から約二百年、その記述は、范曄が直接見聞きしたものではなく、当時伝承されていた後漢に関する様々な来源を持つ史料に依拠している。したがって当初から、伝承過程で生じた誤り、多くの政治的立場から来る偏向を、『後漢書』は含むものとして成立した。しかも、范曄の獄死により、予定されていた「十志」を欠く。梁の劉昭が、これを惜しみ、先行する諸家の「後漢書」の中から、范曄がその「志」を評価していた司馬彪『続漢書』の「八志」を補ったうえで、『後漢書』の全体に注を施したことは、すでに述べた。このため、現行の『後漢書』は、范曄本来の『後漢書』に唐の李賢が注を附した「本紀」と「列伝」に、司馬彪が著し劉昭が注を付けた『続漢書』の「志」を合刻したものとなっている。

范曄の『後漢書』の根本となった史料は、『東観漢記』である。『東観漢記』は、成立当初から評判は良くなかった。ゆえに、後漢の滅亡により、同時代史であることの制約が外れると、「一家の言」として「後漢書」を編纂する試みが次々と行われた。その結果、今日存在が知られる後漢に関する史書は、十二家十三種に及ぶ。時代順に列挙すると、孫呉の⑴謝承の『後漢書』・⑵薛瑩の『後漢記』、西晉の⑶司馬彪の『続漢書』・⑷華嶠の『漢後書』・⑸謝沈『後漢書』、東晉の⑹袁宏『後漢紀』・⑺袁山松『後漢書』、劉宋の⑻范曄『後漢書』・⑼劉義慶『後漢書』、梁の⑽蕭子顕『後漢書』、晉代の人と考えられる⑾張璠『後漢紀』・⑿張瑩『後漢南記』、および⒀名前が伝わらない一名の後漢に関する歴史書である。これらの中で散逸を免れたものは、⑻范曄『後漢書』と⑹袁宏『後漢紀』の二書にすぎない。

范曄の「論」〔本紀・列伝の終わりに付けられる文章〕は、華嶠の『漢後書』を踏襲するところが少なくない。范曄の『後漢書』は、先行する多くの「後漢書」を刪って著されたものであった。それでも、范曄の『後漢書』が今日まで残存した理由は、先行する幾多の「後漢書」よりも優れていた、何よりも文章が優れていたことによる。

儒教と文章

范曄は、後漢「儒教国家」に好意的である。范曄の祖父である東晉の范寧は、『春秋穀梁伝集解』の著者として、経学史上に燦然と名を残す。『後漢書』鄭玄伝の論で、范曄は、「祖父の豫章君〔范寧〕は、つねに先儒の経典解釈を検討し、（それらの中で後漢の）鄭玄を長っているとし、孔子の直接の門人さえも（鄭玄を）越えることはできないと思っていた。（そのため范寧は）門人に経典を伝授する際には、どれも専ら鄭玄の解釈に基づい（て講義を行っ）た」と、祖父范寧の鄭玄への傾倒ぶりを描いている。

范曄が生まれた南陽の范氏は、名門貴族である。『春秋穀梁伝集解』の序に范寧が記すように、集解は范氏一族の共同研究の成果であった。南陽の范氏という貴族の文化的価値の根底には、儒教が存在していた。また、范曄が名門貴族の出身であることは、自分達の淵源を後漢末に求めようとする視角を生んだ。

ただし、范曄個人は、貴族として順風満帆な人生を送ったわけではない。『宋書』范曄伝によれば、東晉の隆安二（三九八）年、後漢の光武帝劉秀の出身地である南陽郡に、范泰の第四子として生まれた范曄は、従伯の范弘之の爵位を受け継ぎ、順調に出世を続けていた。しかし、劉宋の文帝の元嘉九（四三二）年、文帝の弟である劉義康の母の葬儀に、仲間数名と挽歌〔棺桶を挽く者がうたう歌〕を聴きながら痛飲するという無礼を犯し、尚書吏部郎から宣城太守に左遷された。鬱々として楽しまない左遷の日々の中で、范曄は「衆家の後漢書を刪って一家の作をなした」と本伝は伝える。『後漢書』は、范曄失意の時期にまとめられた史書なのである。

やがて范曄は、政治的な復権を果たす。皇太子の総務を統括する太子詹事となって、政府の機密に参与するまでに至った。ところが、范曄は孔熙先の謀反に関与した罪で、元嘉二十二（四四六）年十二月、首都である建康の市で処刑される。四十八歳であった。范曄は獄中で、一族の子弟に宛てて書箇を認めた。この中で范曄は、文章・音楽・書など多くの文化への自信を書き連ねる。なかでも『後漢書』は、かれの誇りの中心であった。とりわけ「論」と「賛」には、圧倒的な自信を示している。六朝の美文集『文選』は、范曄の「皇后紀論」・「二十八将論」・「宦者伝論」・「逸民伝論」の四種を収録している。ちなみに、多くの賦を『文選』に採録される班固も、『漢書』の論としては、一例だけの採用にすぎない。范曄の自信どおり、その文は、六朝において高い評価を受けていたのである。

「序」「論」の文学性

梁の劉勰が文学理論書の『文心雕龍』史伝篇に史書を論じ、昭明太子蕭統が、史書の中から「讃〔賛〕・論」「序・述」を『文選』に収録したように、南朝では史書の文学性が意識されていた。歴史を記述する際に、表現にも力点が置かれていたのである。

もともと史書に興味がなかった范曄が、『後漢書』を著した契機は左遷にある。范曄が「発憤著書」したことは、司馬遷の『史記』執筆動機に近い。だが、范曄が史書の模範としたのは『漢書』であった。それは、長大な賦をそのまま引用する班固伝の長さや、そこに『漢書』の執筆意図を明記することに現われている。それでも范曄は、最も評価する『漢書』ですら、その「賛」に「理」を得ていないと批判する。

范曄は、『漢書』よりも「理」を整えているので、『後漢書』の方が優れているという。范曄の『後漢書』には、二十五篇の「序」〔うち十八篇は総序〕がある。それらの中でも、「天下の奇作」と自賛する雑伝〔テーマごとの列伝〕の一つである列女伝の序は、以下のとおりである。あえて書き下し文で掲げて、文の雰囲気を示すことにしよう。

詩・書の女徳を言ふや尚し。夫の賢妃の国君の政を助け、哲婦の家人の道を隆んにし、高士の清淳の風を弘め、貞女の明白の節を亮らかにするが若きは、則ち其の徽美 未だ殊ならざるなり。而るに世典は咸 漏らす。故に中興より以後、其の成事を綜べ、述べて列女篇と為す。……余は但だ才行の尤だ高秀なる者を捜次し、必ずしも専ら一操に在るのみにはあらず。

（『後漢書』列女伝序）

高校の教科書などに載せられる『史記』に比べて、漢字が難しい一方で、文にリズムがある。難しい漢字は、経書などの典拠を踏まえていることが多い。リズムは、四字句・六字句を連ね、対句を多用することで生まれる。こうした文章を四六駢儷体〔四六文〕という。幼いころから古典に親しんだ貴族でなければ書くのが難しく、また装飾が多く、直接的に内容を伝えないため、やがて唐の韓愈・柳宗元らにより、古文〔漢代の文章〕に戻る運動が展開される。われわれが漢文訓読により、漢や唐や清で書かれた文章を同じように読めるのは、唐以降の文人が、古文、すなわち漢文での執筆に務めたことによる。明治期までの日本人も、漢文で文章を書いた。漢文は、東アジアのラテン語であった。范曄の四六文は、漢文に比べると難しいが、形や音は美しい。

内容にも触れよう。范曄は、列女伝への採録の基準を「わたしは専ら才能と徳行が秀でた女性を採録することとし、必ずしも貞節を備えた者だけを採ることはなかった」と述べ、史書に記すべき女性の価値を貞節のみに求めない。後漢末に匈奴に拉致され、曹操が買い戻したことで、三人の夫を持った蔡琰〔『独断』を著した蔡邕の娘〕をその文学的才能を評価して、列女伝に立伝したことは、貞節を重視する中国では例外的である。しかも、蔡琰の詩を伝の中に掲載していることは、史書の文学性を重視する范曄の立伝基準を明確に示す。列女伝の「序」は、『史記』・『漢書』には存在しない雑伝を立てるに当たって、その撰述基準を明示したものである。このほか、たとえば、党錮伝の「序」は、後漢滅亡の一因となった党錮の禁という政治事件を後漢政治史の中に位置づけている。雑伝の「序」であると共に、時代全体の潮流を論ずる「史論」としての性格を兼ね備えているのである。また、儒林伝では、後漢全体の経学史に当たる「総序」のほか、経ごとに「序」を付して『漢書』以来の学統を整理するなど、それぞれの「序」には、自負に恥じない工夫が凝らされている。

また、范曄の「論」は、『史記』の「太史公曰く」のような個人の行動に対する評価を示すだけではない。その人物が生きた時代の統治と混乱を明らかにできるような、時代全体への「史論」として書かれている。具体的には、皇后紀の「論」では外戚の専横が批判され、宦者伝の「論」では、皇帝に寵愛された宦官が、後漢を滅亡に追い込んだことを論じる。列伝の「論」が、時代の趨勢を明らかにする「史論」となっているのである。こうした范曄の「論」は、『文選』に高く評価された。『文選』は、史書の文を採録する基準として、事実が「沈思」〔深い思い〕から記されていることを挙げているためである。

范曄は、史書を単なる事実の記録としてだけ描くのではなく、党錮伝の「序」のように時代を位置づけられるよう、また皇后紀・宦者伝の「論」のように、時代の趨勢を明らかにするように表現した。「沈思」に基づく評価と共に史書を記述したのである。『文選』の採録基準に表れるように、六朝期の文学性とは、文章表現の美しさだけではなく、史書が「沈思」に基づき、時代の特徴を示すことを評価する言葉でもあったのである。

2　范曄の文章論と李賢注

漢への思い

范曄の「序」と「論」は、「沈思」より著されただけではなく、美文で表現されていた。『後漢書』の「序」「論」では、対句の使用比率は五〇%を越える。本紀・列伝の末尾に記される「賛」は、すべて四字句で押韻された、さらなる美文である。范曄は「賛」について、一字の無駄もなく、称える言葉もないほど素晴らしい、と最高の自己評価を行う。ただ、そのわりには、『史通』からは「論」との重複を批判され、『文選』にも、「光武紀賛」一篇しか採録されていない。ここでは、「光武紀賛」を書き下し文で少しだけ掲げよう。「序」よりも、さらに難しい文字が使われている。

賛に曰く、「炎正中ごろ微かにして、大盗国を移す。九県飆回し、三精霧塞す。人淫詐を厭ひ、神徳に反らんことを思ふ。光武誕命し、霊貺自づから甄なり。沈幾物に先んじ、深略緯文す。尋・邑の百万、貔虎羣を為す。長轂野に雷し、高鋒雲を彗ふ。……於赫たる有命、我が漢を系隆せり」と。

（『後漢書』光武帝紀下）

さすがに書き下し文だけで、意味が分かる人は少ないので、現代語訳をつけておく。どの漢字が何に当たるか、試していただきたい。

賛にいう、「炎正（である火徳の漢）は中ごろに衰退して、大盗（の国賊王莽）が国を（新に）移した。（天下の）九州はつむじかぜに吹かれたようにひるがえって乱れ、（日・月・星の）三精はその光をさえぎられ暗く塞ぎ込んだ。人々は偽りの為政者（である王莽）を嫌い、世の霊気は（漢の）徳に返ることを願っていた。光武帝が生まれながらに天命を受けていたことは、（誕生の時に）よい気と神の霊なる光が現れたことに明らかである。（帝は）物事が現れる前にその兆候を察知し、遠大な計略は天下を縦横の文模様のように秩序づけた。（王莽の臣下の）王尋と王邑の率いる百万の賊軍は、虎や猛獣が群れをなすようであった。兵車のあげる地響きは、山を越え雲にたなびいていた。……ああまさに天命だったのであろう、（光武帝陛下が）我らの漢を継承し（また漢帝国を）栄えさせたことは」と。

（『後漢書』光武帝紀下）

光武帝紀の「賛」も、すべてが四字句により構成され、偶数句で韻を換えながら押韻する。そして、省略部分も含めると、それぞれの字句は、経書の『周易』・『詩経』・『尚書』・『春秋左氏伝』・『周礼』・『礼記』を始め、史書の『史記』・『漢書』、さらには老荘系の『荘子』・『淮南子』などに典拠を持つ。文意は光武帝による漢の復興の賛美にあるが、注目に値するものは、文末の「我が漢（我らの漢）」である。

清の考証学者の銭大昕は、范曄は劉宋の人だから「我が漢」とは言わないので、もとにした『東観漢記』の文が残った、と推測する。しかし、『東観漢記』の編纂にも携わった蔡邕は『独断』で、「光武　天下を挙りて、以て再び命を受け、漢祚を復す（光武帝は天下をこぞって、再び天命を受け、漢の帝位を復興した）」と同じように光武帝を賛美するが、「漢祚」に「我」を付けることはない。

范曄は、南陽郡の出身であり、光武帝は同郷の偉人である。また、范曄が生きた劉宋の建国者である劉裕は、前漢の高祖劉邦の弟である楚元王劉交の後裔と位置づけられていた（『宋書』武帝紀）。しかも、劉宋は北伐による天下統一を国是とし、貴族は総じて漢を奉ずる姿勢を持っていた。范曄が「我が漢」と称することは、銭大昕のように『東観漢記』の旧文と解釈する必要はない。范曄の「我が漢」への思いは、むしろ『後漢書』の特徴であり、執筆動機と結びつく。

范曄の『後漢書』執筆は、左遷された政治的状況下で行われた。そうした中で、范曄は劉宋の政治に寄与するため、自らの存在理由をかけて、『後漢書』を執筆した。范曄の執筆動機は、劉宋に理想像を提供するため、後漢「儒教国家」を鑑として示すことにあり、それが後漢への好意の主因であった。光武帝劉秀の故郷南陽の郡望である「南陽の范氏」として、劉宋の規範たるべき後漢「儒教国家」を描きだす。劉宋への思いを史書の執筆により規範として示した范曄の「義」が、『後漢書』の賛から『文選』に唯一選ばれた「光武紀賛」に、明確に表現されているのである。

史官の見識が美文で表現されること、それを『文選』は、「義は翰藻に帰す（史書が示すべき『春秋』の義が上手な文章で表現される）」という文学性として認め、『文選』に収録すべき史書の採択基準とした。「光武紀賛」を選んだ『文選』の編纂方針は当を得ていると言えよう。

文章の書き方

それでは、范曄も『文選』と同様、「義」は「翰藻」により表現されるべきと考えていたのであろうか。刑死を前に、獄中より范曄が甥たちに出した書簡である「獄中より諸甥姪に与ふる書」より、文章の創作法を論じた部分を掲げよう。

> （自分の）①情志を託した文章は、②意〔内容〕を主として、文〔文飾〕によって内容を伝えるべきである。内容を主とすれば、その主旨は必ず表現できる。文飾によって内容を伝えれば、その字句が（浮つき）流れることはない。そうして文章に気品が加わり、金石の奏でるような音色が備わるのである。

范曄が創作論で重視する①「情志」の規定は、西晉を代表する文人である陸機の「文賦」の冒頭を典拠とするもので、文章で表現されるべき「情」〔感情〕と「志」〔思想〕のことである。それを託する文章は、「意」〔内容〕を主としながらも、②「意」は「文」〔文飾〕によって表現されるべきであるという。范曄も『文選』と同じように、「義」のような内容は「翰藻」〔美しい表現、文飾〕により表現されるべきだとしているのである。

さらに范曄は、同様の主張を『後漢書』文苑伝〔文学者列伝〕の「賛」でも述べている。

賛にいう、「①情と志が動き、（それにより表現された）詩文を貴ぶべきである。（詩文とは）心の中にあるものを抜き出して形に表すものだが、（そこにはもとから）彫刻や紋様（のような文飾）があるわけではない。……②ここに義に適っていて美しい詩文を示し、淫らで無駄な言葉を並べ立てただけの文章を永く戒める」と。（『後漢書』文苑伝）

范曄の「賛」のうち、①は、『毛詩』大序〔『詩経』毛伝に付けられた序文〕の、「情が内から動いて言となる」、②は、前漢を代表する文人である揚雄の『法言』の、「詩人の賦〔美文〕は美しく義に適っている」を踏まえている。范曄は、情と志が動くことで、華麗な詩文が表現され、それは『詩経』の言う「詩人の賦」のように美しく義に適っており、それが「文」であるという。「詩人の賦」は、政治を「美刺」（褒めたり批判したり）するものであった。そうであれば、「文」は、時代の得失を正さなければならない。『後漢書』の「序」・「論」において、時代全体の潮流を論じていたのは、范曄が「文」の本質を「詩人の賦」の「美刺」にあると考えていたためなのである。

范曄『後漢書』の文学性は、自らが誇る「賛」、あるいは「序」・「論」の韻文・美文だけではない。それらが、儒教の規定する「文」の本質である時代への「美刺」を表現したことにあった。しかも、范曄が『後漢書』という史書における文学性を重視したのは、「美刺」は「文」として表現することで初めて「志」と「情」とが伝わる、という范曄の文学観に裏打ちされていた。范曄の『後漢書』は、こうした意味において、史官の見識を美文で表現しようとした史書なのであった。

李賢注の文学性

このように范曄の『後漢書』は、文学性の高い史書であったが、その注釈の決定版となったものは、唐の李賢の注である。李賢は、唐の三代皇帝高宗の第六子、則天武后の子である。幼年期から父の高宗の期待を受けた俊英で、上元二（六七五）年、皇太子であった兄の李弘が死去すると、代わって皇太子に立てられた。しかし、母である武則天にその才能を厭われ、調露二（六八〇）年、冤罪により廃位され、庶民に貶された。武則天の死後に、その名誉は回復され、章懐太子と諡された。

文学性の高い『後漢書』に注をつけた李賢は、幼いころから、『文選』に注を付けた李善より「文選学」、漢書学者の劉訥言より「漢書学」を受けていた。このため李賢の付けた注は、『文選』の李善注から影響を受けて、引証注を多用している。引証注とは、文章が祖述している典故〔典拠〕を指摘する注である。典故は、作者が自ら述べようとすることを過去の典拠により簡潔に表現し、かつ語句の基づく作品世界を象徴的に投影するために行われる修辞技法である。

　范曄の「賛」が、きわめて多くの書物を典拠として引用するように、典故は六朝の文学表現では欠かせぬものであった。『文選』の李善注は、引証注により文学作品の典故を徹底的に示すことにより、その字句が持つ意味を歴史的に確認し、その意味を限定して客観的に解釈できるようにしている。李善注が『文選』注の決定版として評価される理由である。

　李賢注は、文学作品を収録するとはいえ、『後漢書』という史書に付けられた注である。史書については、顔師古に批判されたとはいえ、『三国志』の裴松之注という異聞を集めて史料批判を行う、史学独自の方法論を持つ注が存在していた。しかも、後漢末の『後漢書』の記述は、『三国志』を材料としているため、李賢注も裴松之注を見ながら著された。このため、『後漢書』李賢注は、引証注に加えて、『漢書』の顔師古注が重視する音義注、さらには裴松之注の特徴である異聞注という三種の注釈方法を合わせ用いている。

　それでも、李賢の引証注は、あるゆる部分に遍く付けられており、史書における引証注は、『後漢書』李賢注より本格的に導入されたと考えてよい。李賢の注を付けた対象が、「史」の文学性を強く意識した『後漢書』であったことは、『文選』からの影響を受け易くし、史書に引証注を導入する要因となった。また、『後漢書』は、最初の「儒教国家」である後漢の制詔〔皇帝の命令文〕や臣下の上奏文を多く記載する。それらが踏まえる儒教経典を引証注により李賢注が示すことによって、後漢「儒教国家」において、いかに多くの経典が文章の典故に用いられていたのかを一目瞭然にした。

引証は、本来、文学表現だけに用いられたわけではない。李賢注による史書への引証注の導入は、表現の文学性と共に、表現の思想性をも明らかにした。李賢注は、引証注の導入により、范曄の『後漢書』が、後漢の制詔や上奏文が経書により正統化されている「儒教国家」の姿を記録していることを後世の読者に明確に伝えているのである。

3　劉勰の文学論

文はどのように生まれるのか

劉勰（りゅうきょう）が、南斉（なんせい）（四七九～五〇二年）の末に著した『文心雕龍（ぶんしんちょうりょう）』は、本格的な体系性を持つ中国最初の文学理論の専著である。『文心雕龍』が体系性を持つことができたのは、その文学理論の背景に『周易（しゅうえき）』、とりわけ三国曹魏の王弼（おうひつ）が作りあげた義理易（ぎりえき）〔易を数理ではなく、哲学的に解釈する〕の論理を置いているためである。劉勰が、「文」を定義した次の文章を見てみよう。

①文の徳は大きいが、それが天地と共に発生したと言えるのはなぜか。そもそも（『周易』文言伝によれば）玄と黄色が混ざって、四角（い地）と丸（い天）が分かれたとき、（『周易』離卦象伝によれば）日と月は二つの璧を畳ね（たように連なっ）て、美麗な天の象を示し、（『周易』繋辞上伝によれば）山と川は絹の模様（のような美しさ）を煥やかせて、秩序ある地の形を展開した、これがおそらく②道の文である。……③（人の）心が生ずれば（そこに）言が成立し、言が成立すれば文章が発達するのは、自然の道である。（この道理を）傍く万物に及ぼして言えば、動植物にみな文（模様）があるようなものである。……④有心の器（である人間）に、文章が無いはずあろうか。

（『文心雕龍』原道篇）

劉勰は、①「文」の徳を讃え、それが天地と共に発生したことを証明するために、『周易』を用いていく。『周易』の各伝に基づいて、「文」は、単に人間の表現活動によって生まれるだけではなく、天地・日月・山川の相貌にも現れることを述べている。そして劉勰は、それを②「道の文」と呼ぶ。『周易』の形而上学に基づいて、天地自然という存在の一切に「道」が備わり、それは自然に形成される「文」〔文彩〕によって美しく飾られている。このように「道」と「文」との関係性を述べるのである。

そして劉勰は、「道」に備わる「理」に基づいて、「文」が生まれるという。人間の言語表現だけではなく、すべての存在に「道」が備わり、それらがすべて「文」により表現されているので、動植物にすら文〔模様〕があるのである。④心を持つ人間に「文」が備わっていない訳はない。

それでは「文」は、どのように生成されるか。劉勰は、③「心」を持つ人間には「言」が生まれ、言葉を通じて「文」が明らかにされるという。こうした「文」の生成論は、『尚書』の「詩言志（詩は志を言うもの）」に代表される儒教的文学観に基づく。『尚書』の「詩言志」は、詩などの「文」について、心にあるときには「志」であり、それが口から出たときに「詩」になると説明している。だからこそ、④「心」を持つ人間には、「文」がある。そうであれば、それぞれの「文」の美しさは、その根底にあるそれぞれの「心」の美しさに依拠することになる。したがって、最も美しい「文」は、最も「心」の美しい聖人によって表現されることが論理的に導かれる。それが経書である。

最も美しい文は経書

劉勰は、すべての「文」の中で、最も優れて美しいものは経書であるという。したがって、すべての「文」の「本源」は、経書に基づかないものはない。劉勰は、聖人の著した経書を美しいだけではなく、すべての「文」の淵源とするのである。具体的には、さまざまな文体によって表現される「文」は、それぞれの文体に応じて次のように、それぞれ五経を源としている。

論・説・辞・序という文体は、すべて『周易』がその最初であり、詔・策・章・奏という文体は、すべて『尚書』がその源となっており、賦・頌・謌・讃という文体は、すべて『詩経』がその大本であり、銘・誄・箴・祝という文体は、すべて『礼記』がその端緒であり、記・伝・

銘・檄という文体は、すべて『春秋』が根本である。（五経は）みな（それぞれの文体の）最高を極めてお手本となり、（それぞれの文体の）領域を最大限に拡大している。（後世の）文章家が（文章により五経の）上に躍りあがろうとしても、結局（五経という）枠の外に出ることができないのは、このためなのである。

（『文心雕龍』宗経篇）

このように、劉勰は五経がすべての「文」の起源であると述べている。その一方で、劉勰は、曹魏の曹植や西晋の陸機を起源とする「文」の自覚を集大成することで、すべての「文」は美しくなければならない、とも主張している。「美」という、儒教とは異なる文学独自の価値を二人から継承しているのである。それでありながら、すべての文体の起源を経書に求める理由は何か。

それは、「文」の最高の価値基準を経書に置くことにより、「文」の価値や美しさを経書によって権威づけるためであった。経書を俟ってはじめて文学の価値を謳歌できるという点に、中国文学における儒教の圧倒的な規制力を見ることもできよう。「古典中国」において、儒教の軛のもとに置かれていたものは、史学だけではない。文学もまた、儒教から独立できなかった。少なくとも、中国近代文学の祖魯迅はそう考え、儒教を批判することで文学革命を進めていった。

文学の価値を宣揚

これに対して、劉勰は、儒教を軛と認識していない。劉勰は、経書を「文」の最高峰とすることで、「文学」の範疇に経書を組み込んだ。それにより、「文学」を儒教の枠組みの中に整序し直そうとしたのである。経書を「文」の範疇に含ませることで、文学の価値を高めようとした、と言い換えてもよい。ここにおいて、文学は、儒教と一体化した価値となった。ここに劉勰の文学論の特徴があると言えよう。

そのうえで、劉勰は、「文」により表現されたものの体裁・源流を論じていく。その際、表現の完成形はいかにあるべきかを説き、その根源としての文化の生成過程を述べる。そうした営為の一つとして、劉勰は『文心雕龍』史伝篇において、史学の源流・体裁から論をはじめ、あるべき史学の姿を描き出した。『文心雕龍』に展開された劉勰の史学論は、たとえば唐の劉知幾など、後世に大きな影響を与えていく。

4　劉勰の史学論

史学の源流

劉勰は、『文心雕龍』史伝篇の冒頭で、史学の源流について次のように述べている。

歴史の始まりは明瞭ではなく、年代は遥かに遠い。今に居ながら古のことを識れるものは、①載籍（史書）であろうか。軒轅（黄帝）の世には、史官に（文字の発明者である）蒼頡がいた。文を司るの職は、その由来は久しい。『礼記』曲礼に、「史官は筆を（車に）載せてお供する」とある。②史とは、使（させる）という意味である。筆を（天子の）左右で執り、これを記録させるのである。古者③左史は事を記し、右史は言を記した。言を記録した経は『尚書』、事を記録した経は『春秋』である。④唐（尭）・虞（舜の言）は（『尚書』の）典・謨に伝わり、商（殷）・夏（の言）は（『尚書』の）誥・誓に載っている。周が新たに天命を受け、周公は法制を定め、三代の正月（の決め方）を集約して暦を分かち、四時を通じて事を配列した。諸侯が邦を建てると、国ごとに史官がおり、⑤善を彰し悪を苦しめ、正しい風俗を樹立した。

（『文心雕龍』史伝篇）

劉勰は史学の源流について、まず「史」〔史官〕とは何かを論ずることから始める。すなわち、①古を知るために史書を著す②「史」〔史官〕を同音の他の文字で意味を考える訓詁学〔古典解釈学〕の手法により「使」と解釈したうえで、『礼記』曲礼篇を踏まえて、史官を天子の左右に侍り、言葉と事実を記録する者と定義する。そして、③左史が事実、右史が言葉を記した結果、成立した言葉を記録した経書を『尚書』、事実を記録した経書を『春秋』とする。

劉勰が史書の源流を『尚書』と『春秋』の二つに求めることは、『漢書』藝文志に基づく。西晋の杜預が『春秋左氏経伝集解』を著して以来、史書の源流は『春秋』にのみ求めることが多くなっていた。劉勰はそれを退け、『漢書』藝文志を踏襲して、史書を言葉と事実の記録のそれぞれに分け、前者の経書を『尚書』、後者の経書を『春秋』とする。劉勰は、文学を経書に収斂したのと同様に、史書を経書に位置づけた。その際、『春秋』を批判して『尚書』を尊重した班固に対して、劉勰は『尚書』を尊重するが、『春秋』も同じように尊重する。ここに、班固と劉勰との相違が見られる。劉勰は、『漢書』および『尚書』を尊重すると共に、『春秋』とりわけ左丘明の著したとされる「左氏伝」を高く評価した。そして、班固と杜預が尊重した『尚書』と『春秋』を共に史書の起源として尊重し、経学を補佐するものと史書を位置づける。『尚書』と『春秋』の両方を共に尊重することにこそ、劉勰の史学の特徴がある。

史学の目的

続いて劉勰は、史学の目的を次のように位置づけている。

①載籍（史書）が著作されるのは、あらゆる人物を取り上げ、これを千載の後に伝え、盛衰を明らかにして、興廃を「殷鑒」とし、一代の制度を日月と共に長く存在させ、王者・覇者の事跡を天地と共に久しく伝えるためである。このため漢の初めには、史官の職が盛んであった。郡国からの報告書は、まず太史（史官）のもとに集められたが、（それは）国のあり方を詳細に知るためであった。（史官が）貴重書庫に入り、大事な箱を開いて、破れた帛書を取り立し、残われた竹簡

に調べるのは、史官が古を考えるのに広く見て訓練をするためであった。②このため（史官が『春秋』の）義を立て言を選ぶには、経書に依拠して法則を樹立しなければならない。③勧善懲悪には、必ず聖人に依拠してそれを宗とすべきである。そうすれば④評価は昭らかに整い、ひどい混乱が起こることはない。

（『文心雕龍』史伝篇）

劉勰は、①史書が著される理由について、あらゆる人を取り上げ、それを千年の後にまで伝えて、盛衰興廃を「殷鑒」とすることに求める。『詩経』大雅 蕩に、「殷鑒 遠からず、夏后の世に在り（殷が鑑とすべき歴史は近くに、夏の末の〈桀王の無道〉にある）」とあるように、「殷鑒」とは過去の歴史を鑑とすることである。したがって、史書において、②義を立てて言葉を選ぶためには、経書によって原則を樹立することが必要なのである。そうすれば、④史論は整って、混乱することはない。

このように劉勰は、史学の目的を歴史を鑑として勧善懲悪の規範を示すことに置く。その際、③勧戒の基準は、必ず聖人の著した経書を宗とする、すなわち「宗経」が必要になると述べている。ここに劉勰が説く史学の目的の特徴がある。

史評の創設

劉勰は、史学の目的を定めたうえで、従来の史書でそれが果たされているか否かを評価する。そうした「史評」は、これまでも個別には行われてきたが、次に例示するように、『史記』と『漢書』を対比するなど、多くの史書を並べて評価する「史評」は、『文心雕龍』より始まる。これを大々的に行っていくのが、唐の劉知幾の『史通』である。

劉勰は、『史記』と『漢書』を史評して、良い点と悪い点を二つずつ挙げている。『史記』の良い点として挙げる「実録」であって隠すことが無い、という評価は、かつて班固が司馬遷に与えた評価であった。実は、班固の父の班彪が著した『後伝』略論では、司馬遷を「良史の才」と評していた。その部分を班固は「実録」と改め、司馬遷を「良史」とする父の記述を削除した。班固は、「史」〔史官〕とは本来、孔子が撰した『尚書』の原著者だけに限定されるべきものと考えていた。『春秋』を継承する司馬遷を班固が史官と認めないことは、『漢書』藝文志で『史記』を春秋家の分類に置いていることにも示されている。班固の史書の典範は、あくまでも『尚書』であった。

劉勰が『史記』の悪い点として挙げる「奇」を尊重して「経」に反する咎があるという批判は、班彪の『後伝』略論の司馬遷評価の継承である。そのほか項羽を本紀、陳渉を世家に配置することも、条例を乱すものとして批判する。このように劉勰は、班彪・班固の司馬遷評価を継承しながらも、独自の視点を加えて『史記』を史評している。『漢書』の『史記』批判を盲信しなかったと言い換えてもよい。

一方で劉勰は、『漢書』は「儒雅」であると高く評価しながらも、中国歴代の『漢書』評価の中では珍しく、司馬遷の記述により班固の思いの半ばは知れると述べて、『漢書』の価値を『史記』と同等に置く。これは、文の体裁を論ずる『文心雕龍』では、『史記』が始めた紀伝体という体裁を高く評価するためであろう。したがって劉勰は、『漢書』について、一方的に賛美するのではなく、仲長統の『昌言』に基づき、良い点と悪い点を二つずつ挙げる。良い点としては、「経」を宗とし「聖」を矩とする規範を目指したことを挙げる。これは、『漢書』叙伝に、事実を述べる際に五経を規範としたと述べるように、班固が自ら意識したことでもあった。すでに述べたように劉勰は、史学の目的を勧善懲悪の規範を示す鑑となる史書を著すことにあるとし、勧善懲悪の基準に経書を置くべきだと主張している。したがって、『史記』と『漢書』のうち、「経」を宗とする『漢書』を高く評価すべきことは明らかである。それにも拘らず、ともに二つずつの良い点・悪い点を掲げ、同列に『史記』と『漢書』を扱うのは、『史記』が紀伝体という体裁を創造したことを高く評価するためである。

紀伝体の尊重

劉勰は、『春秋』に続いて戦国時代を著した『戦国策』を評価しない。それは、「敘」〔史官の見識を示した叙述〕がない、単なる記録だからである。『春秋』が「魯の史の記」〔魯の史官の記録〕をもとに孔子が「敘」を述べたものであったように、史書は、単なる記録の集積であってはならず、叙述を表現するための「体裁」を持つ必要がある。

したがって、劉勰は、司馬遷が『史記』で紀伝体という体裁を創設したことを評価する。文学論でも劉勰は、「文」の様々な文体に着目し、それぞれの起源となる経書に基づき、それを分類していた。

劉勰は、司馬遷の紀伝体を古（いにしえ）の体裁とは異なるものではあるが、順序よく史実を記載できると高く評価する。『春秋左氏伝』のような編年体（へんねんたい）では、「経」の合間に関連する人物の略伝をつけて人物を描くしかなく、人物のあり方を明瞭に著すことは難しい。これに対して、司馬遷の列伝では、人物ごとの記述が詳細となり、分かりやすくなっている、と紀伝体を編年体より優れるとするのである。

劉勰は、東晉・劉宋では優勢であった編年体による歴史叙述よりも、司馬遷の紀伝体を「宗」とすべきと主張する。中国歴代の正史の体裁となる紀伝体は、劉勰により編年体よりも高く評価されたのである。

「伝聞」の否定

劉勰は、昔の事実や錯綜する事実を著すために、『春秋公羊伝（しゅんじゅうくようでん）』の歴史認識を援用して、昔と今とでは史書の著述方法を変えるべきである、と提言する。具体的には、「文が疑わしいときには書かない」ことが、昔の事実への著述には必要であるという。これは、『論語』衛霊公篇（えいれいこうへん）に、「子曰く、「吾は猶（な）ほ史の文を闕（か）き、馬有る者の人に借して之に乗らしむるに及ぶ。今は則ち亡（な）きかな」と（わたしは史官が疑わしいことを書かずに空けておき、馬を持つ者が人に貸して乗って〈馴（な）らして〉もらうというのを見てみたい。今ではもう無くなってしまった）」とあることに基づく。疑いのある部分は書かずに後世に残すのは、「信史（しんし）」を貴ぶためである、と劉勰はいう。それでは、「信史」はどのように実現できるのか。

それを説明するために、劉勰は、排除すべき史書のあり方を先に述べる。それは、「伝聞」により事実を大げさにすることである。俗人は、変わったものを好むので、同じものは棄てて異なるものを取り、旧史には無いものが我が書には伝わると「伝聞」を求めていく。これが史書を「信史」から遠ざける、と言うのである。

これは、裴松之の方法論への異議申し立てとなる。『三国志』に注をつけた劉宋の裴松之は、「伝聞」を記録するため、記事を補う「補闕」と本文とは異なる説を引く「備異」を重視した。これにより裴松之の注は、多くの「伝聞」を伝える。その際、裴松之は「伝聞」を記載すると同時に、本文および引用史料の誤りを訂正する「懲妄」、史実と史書への論評である「論弁」を行い、内的・外的史料批判により、正しい史を描こうとした。こうした裴松之の「伝聞」に対する方法論は、「経」にはなかった「史」独自の方法論である。ここに、裴松之の注を「史」の自立と意義づける理由がある。

これに対して、劉勰は、「伝聞」を求めることそのものを否定する。劉勰が尊重する『春秋左氏伝』が、襄公伝二十九年に、「同を棄て異に即く、これを離徳という」と述べ、「異」聞に就くことを「離徳」と批判しているためであろう。劉勰は、裴松之の生み出した「伝聞」に対する史学独自の方法論である史料批判を評価・検討することはない。「史」の自立は、こうして否定されたのである。

そして、劉勰は「伝聞」に誤りや誇張があるだけではなく、公羊学のいう「所見の世」〔定公や哀公のような近い時代〕であっても、利害などの偏向のため誤った記録があることも指摘する。そうしたなかで、劉勰が求める「信史」、すなわち信頼できる史書の叙述は、「理」により分析して正しいと判断することで実現できるとされる。具体的には、正しいという判断は、どのようにして得られるのであろうか。

良史の直筆

劉勰は、信頼できる史書を叙述するためには、尊者と賢者に「隠諱」すべき〔悪事などは隠して記さない〕であるという。『春秋公羊伝』閔公元年に、「春秋は尊者のために諱み、親者のために諱み、賢者のために諱む」とあることが論拠である。すなわち、劉勰が説く「信史」とは、儒教経典が「かくあるべし」とする「正しさ」を記すことなのである。もちろん、悪事を記して戒めとするべきことも主張している。それは、『春秋左氏伝』成公 伝十四年に、「（春秋に悪事と善事を貶し褒めながら記して）勧善懲悪を行う。聖人でなければ誰が行うことができようか」とあることを論拠とする。

そして、尊者と賢者に「隠諱」しながら、勧善懲悪を行うことこそ、「良史の直筆」であると主張する。最も著名な「良史の直筆」の事例である董狐は、『春秋左氏伝』宣公 伝二年に、「孔子は、「董狐は、古の良史である。法を書いて隠すことがなかった」と言った」とあるように、孔子に賛美されている。

董狐が命を懸けて記した事実とは、自ら手を下していない趙盾を晉の霊公の弑殺者と記し、大義名分を正すことであった。

> 霊公に殺されそうになった趙盾は、亡命しようとしたが、まだ国境を超えないうちに、従兄弟の趙穿が霊公を殺した。趙盾は呼び返されて朝廷に戻った。すると、太史の董狐は、「趙盾、その君を弑す」と書いた。趙盾は自分ではないと抗議したが、董狐は、「あなたは晉の正卿（宰相）である。逃げて国境を超えず、帰ってきて反逆者（の趙穿）を誅殺しなかった。あなたでなければ誰であろう」と答えた。趙盾は、「詩に「地位に安んじ去らずにいたため、こうなった」とあるのはわたしのことである」といった。
>
> （『春秋左氏伝』宣公 伝二年）

このように、董狐が記した「趙盾、その君を弑す」という「事実」、そして「事実」を記す「直筆」とは、西欧近代的な客観的な正しさを求めるものではない。儒教経典が「かくあるべし」とする「正しさ」を曲がらずに書き記すことなのである。

こうした史の著し方こそ、すべての時代の準則である、と劉勰は言う。そして、繁雑な史料から「伝聞」を排除して夾雑物を取り除く方法、「信史」（正しく書くこと）に努めること、初めと終わりの「序」を明確にし、「条例」を事ごとに立てることなど、史書を著すための重要事項は、それらの最も大本である「良史の直筆」を身につければ、すべての理を貫徹させることができる。もし、それを失えば、史書の「文」は、危機に陥るとするのである。

こうした劉勰の「異聞」・「直筆」の捉え方もまた、以後の中国史学の基本となっていく。

中国正史の基本

劉勰は、史伝篇の最後に「賛に曰く」として、史書の体裁を次のようにまとめあげる。

> 賛にいう、「史は軒黄〔黄帝〕に始まり、体裁は周公と孔子で備えられた。代々の歴史がこうして編纂され、善悪はともに総括された。①勧善懲悪を記述し、万世の人々は魂を動かす。②辞は左丘明を宗とし、③直筆は南史・董狐に帰す」と。
>
> （『史通』史伝篇）

史学は、①「勧善懲悪」を記述することを目的とし、史書の②言葉は左丘明の『春秋左氏伝』を規範に仰ぎ、史官は③南史〔「崔杼 其の君を弑す」と記した斉の太史がみな殺されたと聞き、竹簡を持って斉に駆けつけた史官〕・董狐の直筆を行うべきである。これが劉勰の史学論の結論である。

劉勰は、史書の源流として『尚書』と『春秋』を尊重し、史学の目的である歴史を鑑とすることのために、史論による勧善懲悪の基準を経に求めるべきであるとした。その際、東晉・劉宋で尊重されてきた『春秋左氏伝』だけではなく、『尚書』をもあわせて重視するところに、『文心雕龍』における「宗経」の特徴がある。それは、本来、『春秋左氏伝』の流れを汲む「条例」の典範を『尚書』に求めることにも反映する。

そして、「史評」においても、『春秋』の流れを汲む『史記』と、『尚書』の流れを汲む『漢書』を共に評価する。さらに劉勰が求める「信史」の規範は、『春秋左氏伝』に置かれた。『春秋左氏伝』を史学の規範と仰ぎながらも、編年体ではなく紀伝体という体裁で史書を著す、という中国正史の基本はここに定まったのである。

第六章　正史の成立

史学と権力

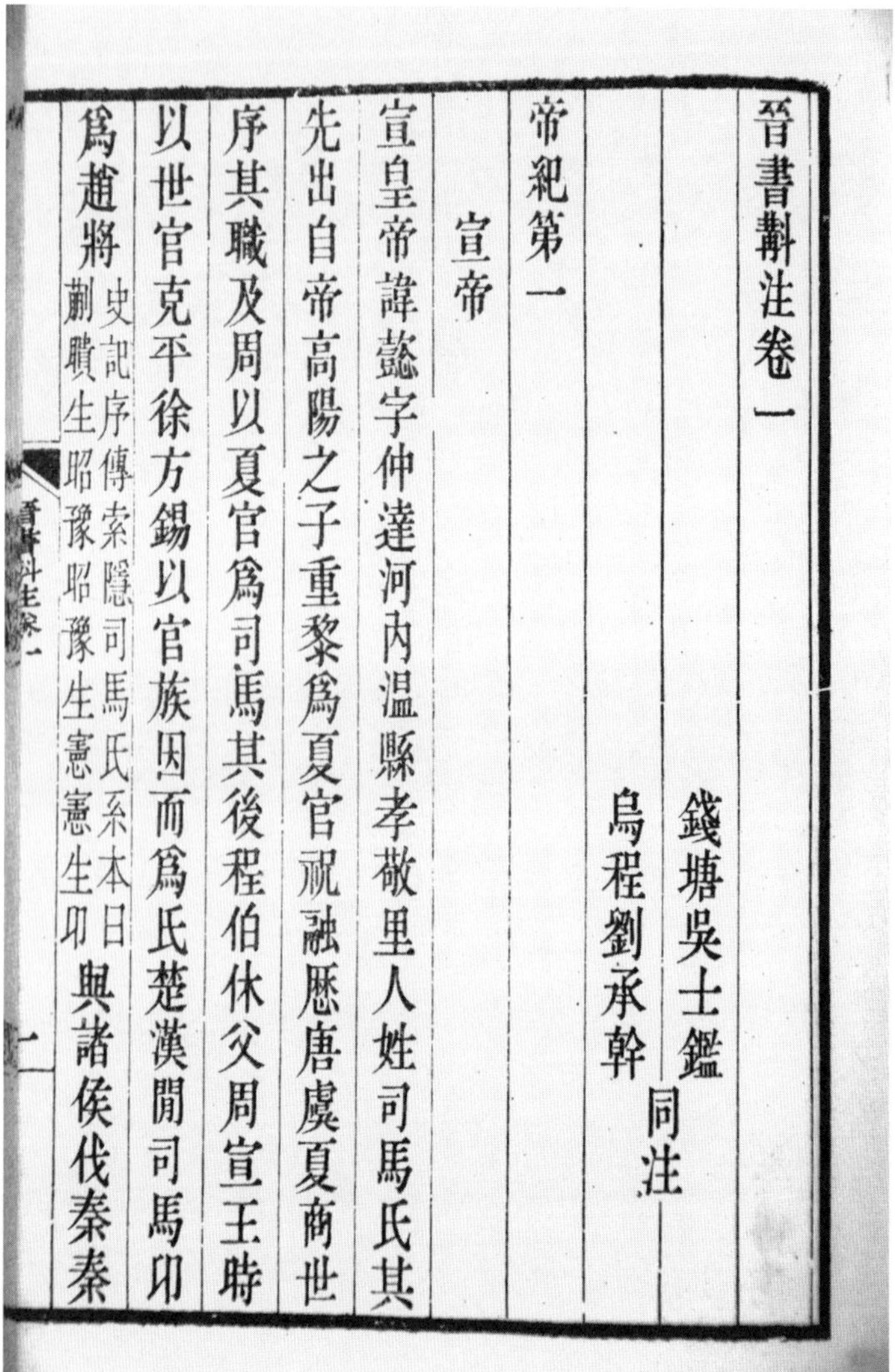

晉書斠注卷一

錢塘吳士鑑
烏程劉承幹　同注

帝紀第一

宣帝

宣皇帝諱懿字仲達河內温縣孝敬里人姓司馬氏其先出自帝高陽之子重黎爲夏官祝融歷唐虞夏商世序其職及周以夏官爲司馬其後程伯休父周宣王時以世官克平徐方錫以官族因而爲氏楚漢間司馬卬爲趙將史記序傳索隱司馬氏系本曰蒯聵生昭豫昭豫生憲憲生卬與諸侯伐秦秦

『晉書斠注』（藝文印書館、一九三六年）　清末に呉士鑑が二十余年をかけて編纂したもので、清朝考証学をはじめとする歴代の関係著述三二〇余種に掲載された『晉書』についての校勘・考訂・注釈・議論・校語・資料などを網羅した校注本。

1　沈約の南朝意識

沈約の『宋書』

劉勰の『文心雕龍』は、沈約に高く評価されることで、多くの読者を得た。沈約は、劉宋・南斉・蕭梁の三代に仕え、その学問と文才により、斉・梁文壇の第一人者となった。沈約は、南斉の永明五（四八七）年から六（四八八）年という短期間で、『宋書』の本紀・列伝を著した。徐爰の『宋書』などの素材に手を加え、自序を記し、史論を述べ、雑伝に序論を附したためである。それらには、沈約の歴史観が表明される。その特徴はどこにあり、『文心雕龍』の影響が認められるのであろうか。

『宋書』自序には、本紀・列伝の完成に至るまでの経緯と完成時の上奏文が掲載される。ただし、それは自序のごく一部である。自序の大部分は、沈約の属する「呉興の沈氏」の家譜と家伝が占める。それらは後ほど検討することにして、ここでは上奏文により、沈約が『宋書』を著した執筆意図を探っていこう。

沈約の上奏文は、夏の禹王と周の文王の事績が、『尚書』の禹貢篇と西伯戡黎篇に記されている意義から始まる。史官が『尚書』を記さなければ、聖王ですら徳行も勳功も後世には伝わらない。ゆえに国家は、史官に詔を下し、勅撰の史書により正統性を示す必要性があるという。沈約が勅命を受けて、『宋書』を編纂した理由である。

『宋書』が、『尚書』を規範とした『漢書』を継承する「○書」という書名を持つのは、『尚書』を史書の規範と仰ぐことによる。劉勰の『文心雕龍』は、史書の源流として『尚書』と『春秋』を尊重し、史学の目的である歴史を鑑とするために、史論により示す勧善懲悪の基準を経書に求めるべきとし、紀伝体で書くことを主張した。沈約は、これを承け『尚書』を尊重して『宋書』という書名をつけて、紀伝体で著したのである。

また沈約は、『宋書』を著す際、英主が国家の基礎を築き、名臣がそれを助けた褒めるべき事績だけではなく、残虐で乱暴な君主など今まで記されなかった事績をも明示し、永遠に規範となる後世の鑑にした。すなわち、後世の鑑戒とすべき毀誉褒貶を明らかにした史書を著したのである。『宋書』は、『文心雕龍』でも強調される、毀誉褒貶を明らかにした後世の鑑とすべき史書を著すという『春秋』の伝統も継承している。

さらに沈約が、遠くは南史・董狐を規範とし、近くは司馬遷・班固を尊重することも、劉勰と同じである。『漢書』を承けて『宋書』と名づけたのであれば、司馬遷への言及は不要にも思える。だが、『漢書』よりも『史記』太史公自序の方が、家の歴史を語る部分が多い。沈約は、司馬遷の太史公自序にならって、自序に家伝を記していく。

このように、沈約の『宋書』は、『漢書』と同様、紀伝体の断代史という後世の正史の規範となる体裁を取り、毀誉褒貶の鑑とすることを史学の目的に、南史・董狐の直筆を行った、とその執筆意図を述べる史書である。しかし、次で見るように、一方では、自序などで自家を正統化する主観的な歴史記述を行っている。かつて東晉まで著された別伝や、貴族の家の歴史を記す家伝などの貴族の「史」としての性質も、未だ有しているのである。

貴族の「史」

沈約『宋書』自序の大部分は、自らの出身「呉興の沈氏」の家譜、あるいは家伝が占める。「士庶不婚」〔身分を超えた婚姻を行わない原則〕の基準を示すために著される隋唐時代の家譜に対して、六朝時代の家譜は政治的意義を強く持つ。家譜は、宗族の地位を社会に認めさせるものであった。自序に記される「呉興の沈氏」の家譜にも、沈約の貴族としての家門を守るという政治的意図が認められる。

沈約は、自序に記す家譜・家伝により、劉宋の高祖劉裕から祖先の沈林子が爵位を受け、「呉興の沈氏」が国家的身分制としての貴族制下において貴族と認められていることを証明し、さらに父の沈璞が孝武帝劉駿に誅殺されたことを冤罪として、自らの家の汚名を晴らそうとした。それは、沈約という貴族の「史」としては「直筆」である。南史・董狐の「直筆」とは、客観的に正しい事実を記すことではなく、「あるべき」姿を描くものだからである。貴族の家学〔宗族で継承する学問〕として発達した史学は、別伝や家伝において、自己の家門を正統化するために史書を著していた。そうした性格は、『宋書』の本紀・列伝の史論にまで及ぶ。沈家に仇なした者たちの記録には、筆誅が加えられているのである。このように沈約の『宋書』はなお、自家中心の貴族としての歴史観を持つ。これでは、勅命を受けて編纂した国家の史書としては、批判を受けざるを得まい。やがて唐代になると宰相のもと、多くの著者が共同で正史を編纂していく理由の一つであろう。

沈約は、貴族の要件を国家的身分制としての貴族制のもと高官の世襲を保障する爵位と、社会的存在としての貴族の存立基盤となる文化的諸価値とを共に有することに置く。しかし、本来政治を担うはずの貴族は、政治を行い得る「才」を持たず、恩倖〔寵愛により権力を行使する臣下〕が君主のもとで実務を行い、劉宋への支持は失われた。それを防ぐためには、あるべき貴族のあり方を「鑑」として示さねばならない。

貴族の鑑

君主は、恩倖ではなく賢者である貴族を用いなければならない。これが国家における君主のあるべき鑑である。だが、劉宋の貴族は、必ずしも賢者ではなかった。賢者になるための方法論は儒教にある。沈約は、儒教を根底に置く文化的諸価値を貴族が専有する必要性について論ずる。そのうえで、鑑として「古典中国」である漢のあり方を次のように掲げている。

> 賢人を在野に選ぶと、身を治める習慣が広まり、名士を朝廷に求めると、智を飾る風習が蔓延

る。①六経は奥深く、正しい本道である。（諸子）百家は浅薄で、促成の脇道である。漢の世では士人を登用する際、郷里でのあり方を優先し、本を尊び学に務め、浮ついた名声を求めなかった。……魏氏が天命を受けてから、君主は文学を愛し、家々は章句〔訓詁学〕を棄て、人々は異なる学問を重んじた。……②（曹魏の初めの）黄初年間より晋末に至るまで百年余りの間に、儒教は尽き果てた。高祖劉裕は天命を受けると、国子学の創設を議したが、早逝され、道は実現しなかった。③元嘉年間に（国子学の創設は）始めて実現し、雅風が盛んであることは、未だ漢に及ばなくとも、多士済々となった。……臧熹・徐広・傅隆・④裴松之・何承天・雷次宗は、みな聖哲を慕い、雅俗に移り、名を世に立てたのは、当然のことである。

（『宋書』臧熹・徐広・傅隆伝）

沈約によれば、漢は朝廷の名声ではなく、郷里の賢者に人材を求め、①「六経」〔儒教〕という本道を尊重して、瑣末な諸子百家を冷遇した。だが、曹魏が文学を尊重したため、家々は訓詁学を捨て、儒教以外の文化を尊重した。また、名声を尊重する九品中正制度の影響もあり、②魏晋の間に儒教は尽きた。これに対して、劉裕は、国子学〔国立大学〕の創設を議したが夙に崩御し、文帝の③元嘉年間（四二四～四五三年）に至り、ようやく国子学が建てられて儒教が復興した。「元嘉の治」と称される宋の全盛期には、臧熹・徐広・傅隆など儒教に篤い者たちが名を揚げ、多士済々を誇るに至ったとするのである。

沈約は、このように貴族の文化の根底として儒教を尊重する。ただその一方で、④史学の裴松之、律暦・天文〔暦法・天文〕に詳しい何承天、廬山に入り慧遠〔念仏結社の開祖〕に師事した隠者の雷次宗なども称賛するように、儒教だけを尊重したわけではない。それは、沈約が儒教のほか仏教・道教、そして史学・玄学・文学に通じていたためである。

なかでも、文学は最も得意であり、前に「浮声」〔後の平声〕があれば、後には「切響」〔後の仄声〕が来なければならないといった声調の調和を主張する有名な文学論を謝霊運伝で展開している。平仄は後に近体詩の規則となり、たとえば、杜甫の「春望」であれば、「国●破●山○河○在●、城○春○草●木●深○……」（○が平声、●が仄声）と、平仄が整えられている。

このように沈約は、貴族が国政を担うような賢者になるために、「三教四学」と総称される文化に通じ、たとえば沈約が文学論で示すような卓越性を持つべきことも求める。これは、社会的存在である貴族のあり方を「鑑」として理念的に示したものである。

ただし、沈約は、貴族の要件を文化のみに求めてはいない。国家的身分制としての貴族制下で貴族であるためには、爵位を代々継承しなければならない。そのための指針は「智」という概念により提示される。

沈約が、貴族が権力のもとで遊泳するための処世術を「智」と評価するのは、父の処刑を原因としよう。それは沈約の現実認識を厳しくし、沈約を宰相の地位にまで高めていく。その結果、沈約は、儒教を修めたうえで、仏教を深く理解し、あえて道教には言及しないが、三教に通じていた。また、儒学・史学・玄学・文学の中では、皇帝権力との対峙性を持つ玄学を批判する一方で、文学を得意として音韻に基づく新たな文学理論を構築する。そして、貴族に「才」を求めた梁の武帝のもとで、宰相として国家的身分制としての貴族制の頂点に君臨したのである。

こうした沈約の貴族としてのあり方は、いまだそれを極めていなかった『宋書』の執筆時において、自ら貴族の「鑑」として描いた姿を実現したものと考えてよい。『宋書』は、社会的存在としての貴族と国家的身分制としての貴族制下の貴族の双方の体現者である沈約が示した、貴族の規範書として読まれていくのである。

南朝意識

かつて東晉の習鑿歯が「統」を「正」と分離したのは、中国の北半分を五胡に奪われ、南半分しか支配し得ない東晉を生きたことで、「統」を希求する思いが強かったことによる。これに対して、五胡十六国が北魏に統一され、南北朝の対峙が日常化した南朝に生きる沈約は、『宋書』に「南朝意識」を表現した。

沈約の南朝意識は、第一に江南を世界の中心と捉えることとして表現された。沈約は、揚州〔長江下流域〕の言語を「雅言」〔方言の反対言葉〕と位置づける。言語という文化表現の根底において、江南を世界の中心と考えたのである。経済もまた、揚州・荊州〔長江中流域〕が天下の中心であると沈約は言う。沈約にとって「天下」とは南朝のことであり、夷狄が居住する華北は「大一統」〔統一を尊重すること〕の必要もない「荒服」〔異民族の居住地〕を含む地に過ぎなかった。夷狄は、追い払えば良く、北伐などは必要ない。こうした南朝こそ「天下」であるという世界観に、沈約の南朝意識は凝縮される。北方に異民族の強国を抱える国際情勢の中で、これまでの中国の世界観とは異なる、淮水以北を含めた「大一統」は放棄する、という新たな世界観を提示したのである。

沈約の南朝意識は、第二に貴族と君主のあり方として表現される。沈約は、易姓革命を肯定する一方で、君主への忠を高く評価して、忠と易姓革命の容認とを折り合わせた。易姓革命が続く南朝の政治状況のもとで、「智」に基づき貴族として生きるための「鑑」を『宋書』に示したのである。

沈約は、こうした南朝意識、とくに「天下」を南朝と同義と意識することで、華北の「統」を放棄した史論を記す『宋書』という例外的な正史を著した。また、文化的諸価値の専有だけではなく、権力者との処世術を「智」と位置づける南朝に特化した貴族の「鑑」の示し方にも、沈約の南朝意識は明確に表現されているのである。

2　皇帝権力と史書

崔浩の「国史の獄」

鮮卑という非漢族として始めて、中国を本格的に支配した北魏では、漢人官僚がその歴史を編纂した。だが、太武帝に仕えて、太延五（四三九）年の華北統一に力があった崔浩は、国史の記述を理由に殺害される。そののち、紀伝体による「魏書」の編纂を果たし得なかった崔光を継いで、甥の崔鴻は『十六国春秋』を著した。ところが、東魏の実力者である高澄は、これを批判する。高澄の弟である文宣帝高洋が建国した北斉に仕えた魏収は、『魏書』を著した。しかし、それは「穢史」（汚れた史書）と批判される。魏収は、北斉の滅亡後、その墓を暴かれ骨を捨てられたという。

このように、北朝で漢人貴族が著した史書は、いずれも強い批判にさらされた。これらの史書は、何を目的に著され、何を批判されたであろうか。

崔浩は、中国随一の名門貴族と称えられる「清河の崔氏」の出身である。華北を統一した太武帝の信任も篤く、神麚二（四二九）年に、国史編纂の総裁となり、神麚四（四三一）年には、司徒（宰相）に就任している。だが、太平真君十一（四五〇）年、崔浩は誅殺された。その理由について、『魏書』の崔浩伝は、次のように記している。

> 清河の崔氏は（親族関係の）遠い近いに係わりなく、①范陽の盧氏・太原の郭氏・河東の柳氏は、みな崔浩の姻戚なので、ことごとく一族皆殺しとなった。これよりさき郄標たちは石を刻んで国史を銘記した。②崔浩はことごとく国事を述べ、詳細であり典雅ではなかった。石碑は人の往来する路に立てられたので、人々はみな（批判の）声を挙げ、それは太武帝にまで達した。役人は崔浩を取り調べ、（部下の）秘書郎吏および長暦生ら数百人に事情を聴取した。崔浩は賄賂を受

け（不当なことを記述し）た罪に伏し、その秘書郎吏より以下もみな死刑となった。

（『魏書』崔浩伝）

崔浩が編纂した「国史」は、②ことごとく国事を述べ、詳細であり典雅とは言えなかったという。劉勰の『文心雕龍』は、尊者・賢者のために「隠諱」するという「春秋の義」を史書の直筆としていた。すべての国事を述べれば、君主のために諱む部分はなくなる。たとえば、代国〔北魏の前身〕の末期に前秦の苻堅により昭成帝が長安に連行されたような拓跋氏〔北魏を建国した鮮卑の部族〕の祖先の屈辱的な史実について、崔浩が諱み隠さず詳細に書いた可能性は高い。それは「典雅」な記述とは言えない。胡漢対立〔鮮卑族と漢族の対立〕を背景に、太武帝が帝権の正統性を認めない華北の漢人名族層に対して、鉄槌を加えた事件と「国史の獄」を捉えられる理由は、この事件を機に国史とは無関係である①漢人の貴族が、多数族誅されているからである。

姓族分定

さらに、注目すべきは、崔浩が「国史」の編纂を機に、人々を序列化するため「姓族」を定めようとしたのを姻戚の盧玄が止めていることである。「姓族」を明確に定める「姓族分定」は、やがて太和十九（四九五）年から行われる、孝文帝の中心的な政策の一つである。

孝文帝は、漢族については、「范陽の盧氏」・「清河の崔氏」・「滎陽の鄭氏」・「太原の王氏」の四姓を「清望」として最高位に置き、北魏帝室との通婚を認めた。四姓のほか、「隴西の李氏」と「趙郡の李氏」もこれに次ぐ名門とされ、あわせて五姓と称された。また、北族については、帝室の元氏を最高位とし、漢族の四姓に準えて穆〔丘穆陵〕・陸〔歩六孤〕・賀〔賀頼〕・劉〔独孤〕・楼〔賀楼〕・于〔勿忸于〕・嵇〔紇奚〕・尉〔尉遅〕の八姓を漢姓に準じて一字姓として最高位に置き、帝室との通婚を許した。後に孝文帝の時に実行されることになる「姓族分定」を目指す崔浩に対して、盧玄は「それを願う者はどのくらい存在するのか」と諫めたというのである。『魏書』盧玄伝は、これも崔浩の失脚理由であったとする。

先に掲げた『魏書』崔浩伝によれば、崔浩が誅殺された際に連坐した①「范陽の盧氏」・「太原の郭氏」・「河東の柳氏」のうち、「太原の郭氏」だけは北魏の帝室との婚姻関係を持たないが、それでも曹魏の車騎将軍である郭淮の末裔に当たる名門である。崔浩は、婚姻関係を漢人貴族の名門と結び、閉鎖的婚姻圏〔隋唐貴族の特徴。名家同士で婚姻関係を結ぶ〕の形成を目指していたと考えてよい。

しかし、五胡十六国の混乱により、華北の漢人貴族たちの家譜は失われ、「姓族分定」を可能とする証拠が残っていなかった。そうした中で、「姓族分定」を試みることは、家譜を維持する南朝の貴族制の賛美へと繋がる。非漢族支配下の北魏において、過度な南朝貴族制の尊重は危険である。それにも拘らず、崔浩は歩みを止めなかった。南朝的な貴族制への移行を急ぐ崔浩の人事政策は、非漢族だけではなく、漢人貴族からも批判される。

こうした崔浩への批判が、皇帝権力の強化を目指す太武帝の後押しとなった。太武帝は、胡漢の対峙性を背景としながら、崔浩の国史の避諱なき叙述を理由に、「国史の獄」を起こした。だが、太武帝は、崔浩の係累が南朝への亡命を謀ったこともあり、半年後には恩赦を行っている。北魏の皇帝権力は、漢人貴族の支援なく、未だ国家権力の強化を行い得なかった。それでも、「国史の獄」は、非漢族国家の正統性を保証する史書を漢人官僚がどのように描けばよいのか、という大きな問題を残したのである。

北魏を「中華」に描く試み

「国史の獄」は、非漢族国家の北魏において、中華としての正統性をいかに表現するのかという問題と、漢人貴族の姓族分定あるいは国家的身分制としての貴族制の確立をどのように行うのかという問題を顕在化させた。焦眉の急は、前者の解決であった。

崔浩の国史は編年体であったが、李彪は「紀・表・志・伝を分作」する紀伝体での著述を試みる。紀伝体は、王権が並立したとき、本紀に誰を立てるのかにより、正統の所在を示しやすい。李彪は、北魏が中華であることを次のように表現しようとしたという。

> ①我が皇魏は中華を領有して、すでに百年を超える。……②先皇（孝文帝）には大功が二十あり、……（その功績の高さは）三皇が四たび五帝が六たびするほどである。まことに功績を竹帛に記し、名声を金石に刻むべきである。……先朝から臣に賜った彪という名を持つ者には、③遠くは漢の史官の叔皮（班彪）がおり、近くは晉の史官の紹統（司馬彪）がおる。……（魏書が完成した

折には）④正本はこれを麒麟閣に収め、副本はこれを名山に蔵めよう。

（『魏書』李彪伝）

李彪は、北魏が中華であることの理由を①「皇魏」が百年を超えて「中華」を領有することと、②三皇五帝を超越するほどの「先皇」孝文帝の功績に求める。さらには、自らの「彪」という名が、③後漢の班彪（叔皮）、西晉の司馬彪（紹統）と同じくすることまで理由に挙げる。班彪とその子の班固が著した『漢書』は、「古典中国」を規範として後世に伝え、司馬彪の『続漢書』、とりわけ八志は、「儒教国家」再編の鑑とすべき後漢「儒教国家」の諸制度をまとめたものであった。そうした二人と名を同じくする李彪が編纂する史書は、北魏を中華の正統国家として示すのに相応しい。④正本を納めるという「麒麟閣」は『漢書』に記される前漢の名臣を描いた宮殿の名であり、副本を名山に「蔵」めることは『史記』太史公自序を典拠とする。このように李彪は、「古典中国」である「漢」を規範に、北魏を正統な中華として示す準備を進めたのである。

崔鴻の『十六国春秋』

しかし、李彪を継承した崔光、その甥の崔鴻に至っても、国史は完成しなかった。「国史の獄」の原因となった、国初の記述に問題があったことによろう。その解決を試みた成果の一つが、崔鴻の『十六国春秋』である。崔鴻は、『十六国春秋』を著した理由について、次のように述べている。

むかし西晋の恵帝に力が無く、中華と夷狄は乱れた。……①遺晋は遠くにあり、勢力は微弱であった。民は戦乱で損なわれ、帰する所もなかった。②皇魏が幽と代に龍潜していた時には、代々（周の祖先で戎・狄の間に住んだ）公劉よりも篤実に、内は徳政を修め、外は偽朝と戦った。……③太祖道武皇帝は神武の姿により、金行の運を継ぎ、天に応じ民に順って、龍飛して天命を受け（て北魏を建国し）た。……④世祖（太武帝）は雄才で叡略があり、……寰宇を統一した。儋耳の文身〔入れ墨〕した者の長、卉服〔葛麻の服〕を着て断髪した者の酋が、暦を請い従属のため通訳を重ねて朝廷に来た。……⑤西晋の永寧年間より、兵を起こし、競って尊貴となって国を建てた戦国（のように乱立した国々）は、十有六家ある。……ただ（それらの国々の）史書は残欠し、体例は統一されず、編成は混乱し、繁簡が一定しないので、不統一を正し、定めて一書とすべきである。

（『魏書』崔光伝附崔鴻伝）

西晋の恵帝期の八王の乱・永嘉の乱から始まった混乱の中、①「遺晋」（東晋）は、遠方にあり勢力が微弱で民はそこに帰せなかった。「遺晋」という表現には、崔鴻が東晋を「僭偽」（いつわりの国家）と呼ばない思いが込められる。ちなみに、魏収の『魏書』は、東晋を「僭晋」と呼ぶ。このころの北魏は、いまだ②「幽と代」を支配する代国として「龍潜」していたが、③「太祖」道武帝のときに「龍飛」して、晋の「金行」を継承し天命を受けて、北魏を建国する。「龍潜」・「龍飛」は、北魏が晋の金徳を継ぐ龍〔水徳〕の瑞祥を持つことを示す。ただし、北魏が土徳から西晋の金徳を継いだ水徳となるのは孝武帝の時であり、ここでの記述は、孝武帝以降の正統性を先取りしている。

北魏は、④「世祖」（太武帝）の時に、「寰宇」を統一した。「寰宇」は、天下すべてと王者の畿内という二つの意味がある。現在の海南島に当たる「儋耳」、『尚書』禹貢篇で揚州の「島夷」の習俗とする「卉服」、『漢書』地理志で越の習俗とする「断髪」・「文身」をした首長たちが朝貢した、という続きの文からは、前者の意味、すなわち、太武帝は華北だけではなく、中国全体を統一したようにも読み取り得る。その場合、江南に存在した劉宋をどのように位置づけるのか。魏収の『魏書』は、劉裕を「島夷」と明記するが、ここにはそうした記述はない。「天下」や「海内」などを用いず、「寰宇」という比較的新しい語彙を用い、対句を破綻させてまでも「島夷」ではなく「卉服」を用いる表現に、崔鴻の苦心を窺い得る。こうした歴史認識に基づき、⑤西晉の永寧年間（三〇一～三〇二年）以後の十六国の史書を整理して著したものが、崔鴻の『十六国春秋』なのである。

しかし、『十六国春秋』は、すぐには公開されなかった。それは次の理由によろう。南朝の諸国家を『十六国春秋』に収録しなかったことは、太武帝が「寰宇」を統一していない事実を理念的にも承認する。また「国初」、すなわち北魏以前について、西晉と東晉の元号を用いて十六国の記事を編年している。これらは共に「春秋の筆法」としては誤りである。

この結果、『十六国春秋』の公開は、北魏末まで遅れ、崔鴻の子孫も失脚した。そうしたなか、史書は漢族に編纂させるべきではないとの主張も採用される。結局、北魏をめぐる史書の編纂は、北斉期の魏収まで進展しなかった。

魏収の『魏書』

魏収は、祖母を「趙郡の李氏」、母を「博陵の崔氏」に持つ、名門漢族の出身である。太学博士に起家し、散騎侍郎として二十六歳で「起居注」〔皇帝の日々の記録〕を編纂し、国史を併せ修めた。魏収が『魏書』を編纂できたのは、母と同宗の崔暹が、東魏の権臣高澄に勧めたことによる。高澄の父の高歓は、魏収を崔光に準えると共に、「我が後世の身名、卿の手に在り」と、魏収に高氏の正統性を史書に残すよう念を押している（『北史』魏収伝）。

北斉の天保五（五五四）年に完成した『魏書』は、崔浩の「国史の獄」で露呈した⑴中華としての正統性の表現と、⑵漢人貴族の姓族分定あるいは国家的身分制としての貴族制の確立と、⑴の克服を目指した崔鴻の『十六国春秋』で露呈した⑶「大一統」の史書における表現という、三つの課題を抱えていた。

魏収は、第一に⑴については、本紀冒頭の「序紀」に、北魏創建以前の歴史をまとめ、国初の記事を「紀」として、他の十六国の歴史から屹立させた。そして、漢（火徳）→曹魏（土徳）→晉（金徳）→北魏（水徳）という五徳終始説に基づき、北魏を中華の正統国家に位置づけた。もちろん、北斉に仕える魏収は、東魏→北斉を北魏の正統な後継者としたため、西魏→北周を受け継ぐ隋唐帝国には、その正統性は繫がらなかった。それでも、『魏書』は、かつて李彪が思い描いた⑴中華の正統性を明示する史書となったのである。

第二に、⑶について魏収は、崔鴻の『十六国春秋』が、東晉を「遺晉」とすることに対し、「僭晉司馬睿」という列伝のほか、劉宋を「島夷劉裕」、南斉を「島夷蕭道成」、蕭梁を「島夷蕭衍」として、列伝で扱っている。『宋書』が北魏を索虜伝とすることへの対抗もあろうが、「大一統」を否定する『宋書』に対して、魏収の『魏書』は、次のように南朝の王位すら認めない。

魏収は、島夷蕭道成・島夷蕭衍伝の「史臣曰く」において、南斉と蕭梁を「自ら王者に擬」すだけの存在とし、これを春秋末期の呉・越にも劣ると位置づけるのである。魏収はこうして、北魏こそ(3)大一統を達成すべき(1)中華の正統国家であることを南朝の王権を全面的に否定することにより明確に表現した。『魏書』は、北斉の建国者である高洋の兄高澄と父高歓の期待に応え得る、北魏の中華としての正統性を十全に表現した史書と言えよう。

それでも、『魏書』が「穢史」と批判されたのは、(2)漢人貴族の「姓族分定」とも言い得る、史書による国家的身分制としての貴族制の確立に失敗したことによる。

史書による貴族の地位の確立

魏収が『魏書』で、北朝の貴族の地位を確立しようと試みたことについて、漢人官僚の中心であり、かつて魏収を推挙した楊愔は、次のように忠告している。

> 楊愔はかつて魏収に、「これ（魏書）は永く世に伝わり滅びぬ書であり、万世に伝えるべきである。ただ諸家の枝葉の親戚関係に論及し過ぎて繁雑となり、①旧史の体例と異なることが惜しい」

と言った。魏収は、「さきごろ②中原の戦乱により、貴族の家譜は、散逸してほぼ尽きました。③このため詳細に枝葉まで書したのです。……」と答えた。

（『北史』魏収伝）

楊愔の批判に対して、魏収は、②中原の戦乱で貴族の家譜がほぼ尽きたので、①旧史の体例とは異なっても、『魏書』の編纂を通じて、③諸家の枝葉まで、漢人貴族に対する「姓族分定」を行おうとしたのである。このこと自体は、その通りなのであろう。問題は、その過程で生じた偏向にあった。魏収は、単に諸家の家譜を集めて、それを列伝に編纂し直すのではなく、皇帝権力との近接性に応じて、国家的身分制としての貴族制を『魏書』の記述により形成しようとしたのである。

『魏書』について、その記事が公正ではないと訴え出た者は、百名を超えた。たとえば、盧斐は、父の盧同は儀同三司〔宰相と同格〕に至り、名声が天下に聞こえたのに、魏収と親しくなかったために、独立した伝を立てられなかった。一方、名位のない「博陵の崔綽」は、魏収の外親であるために「伝首」〔列伝の冒頭〕に立伝されたと主張する。その通りであったのだろう。文宣帝高洋の追及に、魏収は応答できなかった。通常であれば、罰せられるのは魏収である。ところが、文宣帝は盧斐を罰する。『魏書』の編纂を魏収に専任した文宣帝は、「勅」を下して、「よく直筆せよ。我は北魏の太武帝のように、史官を誅殺することはない」と約束していた。

唐の劉知幾の『史通』古今正史篇は、魏収が⑴北斉におもねり北魏を貶め、北朝に対して南朝を貶め、⑵自分の愛憎により列伝を立て、⑶権勢に媚び、時の権力者のために佳伝を作った、と批判する。その通りであろう。「穢史（わいし）」との批判は、⑵・⑶に対して行われた。

　ただし、⑵と⑶とは並立ではなく、愛憎は政治的なものである。佳伝を立てたと非難された者は、魏収と親しい者はもとより、文宣帝擁立の中心的な存在でもあった。魏収は、北斉の皇帝権力との近接性に基づき、国家的身分制としての貴族制を再編しようとしたのである。文宣帝が、誤りは魏収にあると気づきながらも、史官を罰しないという「勅」を最後まで守った理由である。

　『魏書』の列伝は、百七十一家以上の家譜を収めており、原則として一家一伝とする。そこでは、列伝の「伝首」に誰を掲げるのか、あるいは貴族として立伝されるか否かは、国家が史書により、漢人貴族の貴族制における地位を定めることになる。魏収は、『魏書』の編纂を通じて、家譜を集大成するだけでなく、北斉の皇帝権力との近接性に基づく貴族制の再編により、国家的身分制としての貴族制を明示しようとしたのである。漢人貴族の命を懸けた抵抗が続いた理由である。天保（てんぽう）十（五五九）年、文宣帝が崩御し、そののち楊愔（よういん）も誅殺されると、魏収は『魏書』の改訂に応じ、漢人貴族に対する「姓族分定」の達成を諦（あきら）めるのである。

国家による正史の編纂

　史書を著した漢人貴族である崔浩（さいこう）と魏収は、ともに皇帝の信任を受けた大官であった。それでも漢人貴族たちが、処罰を恐れず、かれらの著した史書、とりわけ北斉（ほくせい）の魏収が著した『魏書』を批判したのは、国史に立伝されることが、国家による家譜の承認となり、それが貴族の家門を定めるためであった。国家的身分制である貴族制下における貴族の地位は、西晉以来、五等爵により定まってきたが、五等爵は勳功により成り上がった北族や、寒門・寒人にも賜与される。また、貴族の存立基盤である文化の専有を基準とすれば、南朝からの亡命貴族が、明らかに北朝の漢人貴族の上位に位置する。そうしたなかで、北朝の漢人貴族は、貴族の存立基盤を五等爵や文化の専有にではなく、家門の承認、具体的には貴族として代々高位に就いてきたことを記した家譜の承認に求める必要があった。北朝における漢人貴族の家門確立への衝動が、二人の著者に襲いかかったのである。

　それでも皇帝権力によって守られた『魏書』は、姓族分定で確立した北人貴族の地位と共に、漢人貴族の家門を定め、そして「大一統」の必要性を明示する史書となった。沈約の『宋書』が、江南を「中華」とし、華北を含めた「大一統」のための北伐を否定したのに対して、五胡や南朝を列伝に位置づける『魏書』は、北朝による南北統一への動きに棹さす史書であった。ここでは、すでに史書は、民族の起源から国家の正統性を定めるだけでなく、貴族の社会的地位をも定めるものとなっている。国家による「正史」の編纂が必然となる理由である。

3　御撰『晉書』の特徴

『晉書』の編纂

『晉書』は、帝紀十巻・志二十巻・列伝七十巻・載記三十巻の百三十巻より構成される。帝紀は、『史記』で言えば本紀にあたり、西晉を建国した武帝（司馬炎）の祖父の宣帝（司馬懿）より始まり、劉宋の劉裕に帝位を簒奪された恭帝（司馬徳文）までを記載する。

『晉書』の編纂は、貞観二十（六四六）年、唐の太宗（李世民）の命で開始され、貞観二十二（六四八）年には完成している。この間わずか三年足らずで完成した理由は、『史記』・『漢書』・『後漢書』・『三国志』の「前四史」が、個人の著作として史書が編纂されたのに対して、『晉書』は、史局に勤める二十一人の史官が先行する史書を参考に分担執筆したことによる。『晉書』の編纂を監修した者は、司空の房玄齢・中書令の褚遂良・太子左庶子の許敬宗の三人であり、そのもとで令狐徳棻・敬播・来済・陸元仕・劉子翼・盧承盤・李淳風・李義府・薛元超・上官儀・崔行功・辛丘馭・劉胤之・楊仁卿・李延寿・張文恭・李安期・李懐儼が、執筆を担当した。『晉書』の「条例」〔執筆基準〕を立てた者は、令狐徳棻・敬播・李安期・李懐儼の四人、なかでも敬播の独創であるというが、今は伝わらない。

太宗は、「修晋書詔」の中で『晋書』編纂の意図を勧善懲悪を行い、後世の規範を備えることに置く。ついで南北朝の諸国家が規範とするに足る史書を持つことに対して、晋が中国を統一した国家でありながら、先行する「十八家晋書」には、不十分な記録しか残されていないことを嘆息する。そして、『五代史志』編纂の故事にならって『晋書』を編撰すべきである、と命じたのである。

『晋書』の評価

『晋書』の載記は、五胡の単于・天王・皇帝に関する記載であり、異民族の覇権を表現する方法として、『晋書』で初めて採用された。一方で、唐室が祖先を仮託する西涼の歴史は、本来的には十六国の一つでありながら、雑伝が始まる前に涼武昭王李玄盛伝として特別に扱い、敬意を示した。載記に十六国をまとめることで、かれらの存在をある程度認めながら、正統国家である晋の立場を不合理にしない。こうした『晋書』の編纂方法は、現在も高く評価されている。

唐代における『晋書』の評価も高かった。それは、『晋書』が日本に受容された時期の早さにも現れる。天平二（七三〇）年七月四日の正倉院文書では、『漢書』と並んで『晋書』が書写されている。しかも、単に書写されるだけではなく、故事の典拠にも用いられ、学ばれていた。文徳天皇は、斉衡三（八五六）年に、『晋書』を受講している。

このように古代日本において、『晋書』が重んじられたのは、『晋書』が太宗の勅撰で、最新の史書であったためである。日本だけではない。新羅は、太宗より新撰の「温湯碑」と「晋祠碑」の拓本、および『晉書』を賜与されている。新羅に賜与された『晉書』が、太宗撰の「温湯碑」と「晉祠碑」とセットであったように、太宗は自ら史論を書き、編纂を命じた『晉書』を自らの権威を示す威信財として東アジアの諸国に配布していた。

一方で、『晉書』への批判も多い。天子の命により、多くの人が分纂したため、編纂の主旨が一貫していない。統一を取るために「条例」は作られたが、三年足らずという編纂期間の短さもあり、内容的に統一が取れているとは言い難い。また、たとえば李重伝の中に、「百官志に見える」と記述されながら、現行の『晉書』に「百官志」が無いことなど、編纂の齟齬も多い。「百官志」を持つ「十八家晉書」のいずれかを丸写しにした結果、こうした不統一が生じたのである。そして何よりも、太宗が編纂に関与したため、格式の高い史書とされる一方で、皇帝権力に史の自立性を歪められたことの問題は大きい。

司馬懿への批判

南北朝の分裂以前に中国を統一していた晉の史書を編纂することは、唐の正統性を強く意識する事業となる。このために太宗は、『晉書』編纂の意図を「修晉書詔」において、後世の規範となる勧善懲悪の鑑を示すことに置いた。『春秋左氏伝』に述べられる勧善懲悪の鑑としての史書の伝統を継承しながら、その善悪の基準を皇帝が掌握しようとしたのである。

太宗は、自ら宣帝紀・武帝紀・陸機伝・王羲之伝の四篇に史論を書き、善悪の基準を明示する。

『晋書』が「御撰」と称される理由である。太宗は、四篇の史論において、なかでも晋の基礎を築いた宣帝司馬懿と、西晋を創設した武帝司馬炎をどう評価したのであろうか。

司馬懿について太宗は、天地における「黎元」(民草)と、国家における「元首」の重要性を説くことから始める。そして、三国が鼎立した曹魏において、「宣皇」(宣帝司馬懿)は、よく佐命の功臣(建国を助けた功績を持つ臣下)となり、文武に秀で、人材登用に務め、性情ともに優れていた、と称える。父である唐の高祖李淵も、かつて隋の文帝楊堅の佐命の功臣であった。太宗の史観において、佐命の功臣は評価される。ただし、賛美はここまでである。

司馬懿が諸葛亮との戦いの中で、亮の生前にはあえて戦わず、その死後には、怯えて敗走して「死せる諸葛 生ける仲達を走らす」と言われたことについて、良将の道はここに失われた、と手厳しい。また、文帝曹丕・明帝曹叡から遺託を承けながら、それに殉じなかったと批判する。具体的には、太宗は正始の政変を次のように厳しく断罪している。

> ①天子が外に在るときに、内で武装蜂起し、(先帝の)陵墓の土がまだ乾いていないのに、にわかに殺し合った。貞臣とは、このような者ではない。……②このため東晋の明帝は面を覆って、(司馬懿と司馬昭が)騙し偽って国家を建てたことを恥じた。③石勒は言いたい放題で、(司馬懿と司馬昭が)邪に帝業を定めたことを笑った。
>
> (『晋書』宣帝紀)

太宗は史論において、司馬懿が曹魏に重く用いられながら、①天子が外に在るときに、内で武装蜂起した正始の政変を厳しく批判する。そして、②東晉の明帝ですら、宰相の王導に西晉が天下を得た理由を尋ね、司馬懿の正始の政変に加え、司馬昭が皇帝〔高貴郷公曹髦〕を弑殺させたことを聞き、顔を覆って、「晉の祚〔国家の寿命〕は永くはない」と言ったことを踏まえる。さらには、③後趙の石勒が、司馬氏が女性を用いて皇帝への反逆を正当化したと笑ったことにも論及して、司馬懿への批判を晉全体に広げる。

晉の正統性を示すはずの『晉書』冒頭の帝紀の史論において、晉の始祖が権力を掌握した政変を批判するのは、正史としては異例である。太宗があえてそれを行ったのは、司馬懿への厳しい批判が、自らが兄李建成を打倒した行為の正当化に連なるためである。

太宗が、兄で皇太子の李建成を殺害したのは、武徳九（六二六）年、玄武門の変による。それより先の武徳七（六二四）年、弟の勢力伸長を嫌った李建成は、慶州総管の楊文幹が徴募した兵を長安に送らせ、兵変を起こそうとした。その際、李建成は、父の高祖李淵が外の仁智宮に御幸している隙に、内で兵を起こそうとした。その形が、皇帝と曹爽が外に出ている隙に、内で起こした司馬懿の正始の政変と同じなのである。司馬懿を批判することは、兄の行為を批判することに直結し、それは兄を打倒して即位した自らの正統性へと連なる。『晉書』の冒頭に置かれる司馬懿の帝紀は、太宗の正統化に用いられているのである。

御撰の弊害

続いて、西晉の建国者である武帝司馬炎への太宗の史論を検討しよう。太宗は、司馬炎の寛仁を称えて帝王の器があるとする。そして、孫呉を滅ぼして中国を統一したことを「霸王の業」と評価している。しかし、司馬懿への史論と同じように、賛美はここまでであり、司馬炎の治世が後半に緩んだことを次のように批判する。

(司馬炎は)封禅の礼は、譲って行わなかったが、①泰平に驕る心は、これより生じた。……②建立した後嗣は(不慧で)帝位に相応しく無く、委ね託した臣下は才能が無く、志は太平を目指したものの、結果としてすぐに(八王の乱などの)禍乱を迎えた。……③藩(として封建されていた諸王)は親から疎となり、兵を連ね競って本家を滅ぼそうとした。(国の)棟梁(と期待された諸王)は忠から偽となり、衆を擁してそれぞれ自立した。そうして数年もしないうちに、綱紀は大いに乱れ、天下は疲弊して、宗廟は(南へ)移った。……④子を知る者は賢父であり、臣を知る者は明君である。子が不肖であれば家は亡び、臣が不忠であれば国は乱れる。……⑤(司馬炎は)恵帝を廃すべきであったのに廃せず、ついに国家を傾けた。……史書の記述に憂いて、慷慨せずにはいられない。

(『晉書』武帝紀)

太宗は、司馬炎が封禅は辞退したものの、中国統一で生じた①泰平に驕る心により守文〔先祖の遺業を継承し、武力によらず国を治め守ること」に失敗したと主張する。ここには、太宗の創業と守文を共に重視する思想が表出されている。さらに、②後継者として建てた恵帝司馬衷の暗愚とそれを委ね託した賈充・楊駿らの不才により、③「藩」として国家の「棟梁」となるべきであった諸王が乱を起こしたと批判する。

これもまた、兄ではなく弟の太宗が後を嗣いだことの正統性を主張するものである。司馬炎は、司馬攸という賢弟がいながら、嫡長子であるという理由で、不慧の恵帝の後継を動かさなかった。そのため、八王の乱が起こり、続いて起きた永嘉の乱で、西晉は滅亡するのである。これに対して、唐は、高祖李淵の嫡長子である李建成は帝位を継がず、賢弟の李世民が太宗となったことで興隆する。賢弟に帝位を継がせなかった司馬炎が批判される理由である。

太宗の④「子を知る者は賢父であり、臣を知る者は明君である」という表現は、自らを選んだ父李淵の正しさを歴史の鑑にするための規範とすべき言葉である。⑤恵帝を廃位せずに八王の乱を惹き起こし、ついに国家を傾けた、と総括される西晉の司馬炎への評価に現れた太宗の歴史観は、自らの即位の正統性の主張に収斂される。

このように太宗は、正史を編纂させ、自ら史論を付けることで、皇帝としての正統性を主張すると共に、貴族から「史」という文化的価値を回収したのである。その際、二つの史論には、太宗自らの即位の正統性が主張されている。皇帝権力が史書に介入し、しかも自らの正統性を擁護するために、史書を利用している。後世において『晉書』の評判が悪い理由である。

「史」の収斂

『晉書』は、太宗が自ら著した巻一の史論で、晉の正統性を否定してまで、太宗の正統性を論ずる。正史とは、編纂した国家の正統性を以前に存在した国家の歴史を鑑として論ずる史書なのである。ここに、儒教経義（じゅきょうけいぎ）ではなく、国家の正統性を史書により論証することが可能になった。『隋書（ずいしょ）』経籍志（けいせきし）の四部分類において、史部が経部に次ぐ地位に置かれる理由の一つである。太宗の思いが込められているからこそ、唐における『晉書』の公的評価は高かった。

唐の太宗は、『晉書』の編纂を命じる詔の中で、皇帝権力が書かせる正史により、勧善懲悪のための基準を示すことを執筆目的として掲げた。後世への鑑として示される史書の善悪の基準を皇帝が掌握するためである。ここには、皇帝権力が、儒教と異なる価値としての史学を公認する一方で、「史」という文化的価値を収斂した姿を見ることができるのである。

4 『隋書』経籍志の史学論

史部の独立

『隋書（ずいしょ）』経籍志（けいせきし）は、唐代につくられた図書目録で、唐まで残っていた書籍、散佚した書籍、その著書・巻数を分類している。ここで確立した、経部・史部・子部・集部という四部分類は、こののち、中国書籍の分類法として、近代まで受け継がれていく。四部分類の最大の特徴は、史書を集めた史部が独立し、しかも経部の次の位置に置かれたことにある。『漢書』藝文志では、たとえば『史記』は六藝の春秋に置かれていた。経学に従属していた史学が、書籍の分類において、明確に一つの学問分野として独立を認められたのである。

『隋書』経籍志は、元来『隋書』とは別に『五代史志』の一篇として編纂され、唐の高宗の顕慶元(六五六)年、長孫無忌らにより上進された。『五代史志』とは、太宗の貞観十(六三六)年に完成した、姚思廉の『梁書』・『陳書』、李百薬の『北斉書』、令狐徳棻らの『北周書』、魏徴らの『隋書』という「五代史」に欠けていた志を編纂したものである。編者は、礼部侍郎として弘文館学士を兼任し、『五代史志』を監修していた令孤徳棻が中心である。具体的には、貞観十五(六四一)年より于志寧・李淳風・韋安仁・李延寿らを令孤徳棻、次いで長孫無忌が統括することによって編纂された。

『隋書』経籍志の史部の細目は、①正史・②古史・③雑史・④覇史・⑤起居注・⑥旧事・⑦職官・⑧儀注・⑨刑法・⑩雑伝・⑪地理・⑫譜系・⑬簿記の十三類から成る。それでは、冒頭と次に置かれて重視されている①正史・②古史は、どのような基準により分類されたのであろうか。そして、『隋書』経籍志は、いかなる史学論を内包するのであろうか。

『隋書』経籍志の小序は、『漢書』藝文志を承けて、各類の書物とそれらに関わる学問の歴史的沿革を系統的に明らかにする。ただし、史部は『漢書』藝文志では、独立していなかったため、史部は史官の起源から説き起こしている。そこでは、史官の規範は『春秋左氏伝』を著した左丘明ら春秋時代の「国史」官に求められ、杜預が「春秋左氏伝序」で重視する史書による「勧善懲悪」の提示に、史官の役割を置く。史官は、天子の教化に形をつくり、天子の令徳を明らかにし、聖人の深遠な理と時代の営みとを明らかにするものなのである。

『隋書』経籍志は、史官の資格・前提・職掌・役割について、依然として儒教経典を典拠に定めている。「史」は、分類の部としては経部からの独立を果たしたが、史官のあり方が儒教経典に定義されるように、史学のあり方は、あくまで経学により定められていた。こうした意味で、『隋書』経籍志の史学論は、『文心雕龍』と同じく、その根本を儒教に規定されているのである。

史官の堕落を止める

『隋書』経籍志によれば、史官は本来、儒教を内在化した君子の就くべき職であった。ところが、史官はやがて堕落する。戦国から秦にかけて廃絶した史官は、漢に「班・馬」（班固・司馬遷）が現れることで、本来の姿が少し回復されたが、魏晉よりいよいよ廃れていく。国史の編纂や起居注の執筆を職掌とする史官である著作左郎が、学問無き貴族の起家官とされたためである。その結果、一時代の記録は数十家にのぼり、多くの伝聞が食い違うことになった、という。

魏晉期に著作左郎などが著した別伝は、多くの異説・伝聞を記録し、劉宋の裴松之は『三国志』に注をつける際、これらの伝聞を史料批判と共に引用して、史学を自立させる方法論を確立した。だが、『隋書』経籍志は、伝聞への史料批判を評価することはなく、多くの異説・伝聞が生まれたことを史官の堕落と捉える。それは『尚書』を論拠に、異聞とは、史書が論理的に言葉を正しく簡潔にできなかった結果生まれたものである、と理解することによる。そして、『隋書』経籍志は、史官の堕落への対策として、史部を独立させる必要性を次のように説いていく。

> 古は①史官が典籍を司るときには目録があり、それを綱紀としたが、そうした体制は崩れ、知ることができなくなった。②孔子は『尚書』を刪定するときに、別に序をつくり、それぞれ作者の由る所を述べた。『韓詩』や『毛詩』も、そうであった。前漢の時、③劉向の「別録」・劉歆の「七略」は、（学問の）系統を分析し、それぞれの部類に分けて、事跡を考究したが、おそらくそれが古の制だからである。
>
> （『隋書』経籍志）

『隋書』経籍志によれば、史官が本来の姿を保っていた昔には、①「目録」があり、それを史官は「綱紀」（規範）としていた。「目録」は、単なる書名の羅列ではないのである。それは、②孔子が『尚書』を刪定した際に序をつくり、『韓詩』〔韓嬰が伝えた詩経〕や『毛詩』〔毛亨・毛萇が伝を付けた詩経〕も作者の意図を述べたような、書籍の説明を備えるべきであった。このため、『漢書』藝文志のもとになっている前漢の③劉向の「別録」・劉歆の「七略」は、学問の系統を分析し、それぞれの部類に分けて、事跡を考究していた。それが古の制であるためであった。ところが、それ以降に作られた目録は、ただ書名を記すだけになり、規範を失った史官の堕落を招いたというのである。

『隋書』経籍志は、こうした情況を打破するために、書籍の説明を備えて編纂された。さらに、それぞれの学問の起源を述べる「小序（しょうじょ）」を附すことで、古（いにしえ）の史官が「綱紀」とした「目録」を再建し、史官の堕落を終わらせ、史書を理想に近づけようとしたのである。史部の独立は、史官の堕落を止め、史書を古（いにしえ）の理想に近づけ、史という文化的価値、あるいは史学という学問を再興するために行われた。

このように『隋書』経籍志は、史部の独立を意義づけ、史官と史書の理想を説く。その際、典拠として重視したものは、『春秋左氏伝（しゅんじゅうさしでん）』であった。しかも、『春秋左氏伝』の経伝（けいでん）のみならず、杜預（どよ）の「春秋左氏伝序」を直接引用するように、杜預の史学観を尊重した。杜預は、『竹書紀年（ちくしょきねん）』の発見を機に、『春秋左氏伝』こそ本来の国史の体裁であると確信し、編年体の一つである「左伝体」により国史を編纂すべきであると考えていた。

それでも、『隋書』経籍志が史部の筆頭に位置づけ、正史と呼称するものは紀伝体である。そして、杜預が尊重し、それを受けて晉代には、紀伝体よりも尊重されていた編年体は、古史とされて次位に置かれた。それはなぜであろうか。

正史と古史

『隋書』経籍志　史部　正史の小序は、国史の始まりと衰退から正史の起源を論ずる。正史の小序は、

『史記』が、紀伝体の体裁である「本紀・十表・八書・三十世家・七十列伝」を備えたと明記して、正史という体裁の起源が『史記』にあることを確認する。

ただし、一章で述べたように、『太史公書』を「史記」と呼ぶようになるのは、後漢の霊帝期以降である。そもそも「史の記」（史官の記録）ではなく、思想書と位置づけられていた『太史公書』を『史記』と呼ぶことは、「史の記」を題材に是非を弁ずる『太史公書』の「太史公曰く」の否定だからである。しかし、正史を筆頭とする史部の独立を史官の堕落を止めるものと考える『隋書』経籍志は、『史記』が本来、思想書であったことを省みることはない。

正史の小序は、『漢書』・『三国志』と正史の展開を説明して、『晉書』に言及すること無く終わる。『晉書』以降が正史であることは、太宗が定めた前提条件だからである。正史の具体的な説明は、『三国志』で終わり、正史とは司馬遷の『史記』と班固の『漢書』に準える史書であると、次のように総括する。

> これより代々（史書の）著述があり、みな班固と司馬遷に擬して、正史とした。作者は最も広く、一代の史は、数十家（が著す）に至った。ただ『史記』と『漢書』のみ、（読み方の）師法が伝わり、ともに解釈がある。『三国志』と范曄の『後漢書』は、音注があるが、近世の作なので、（注が無くとも）みな読んで理解できる。……いま時代ごとに集めて編纂し、正史として備える。

（『隋書』経籍志）

異聞を集めて本文を批判する裴松之の『三国志』注は、ここでは「音注」と説明される。異聞を集めたことを評価しないのである。『漢書』の顔師古注に代表される「音義」注が、史書に付けるべき注であるという意識をここに窺うことができよう。

正史の小序は、これで終わるが、目録は『三国志』ののち、諸家の『晉書』・『宋書』・『斉書』・『梁書』・『後魏書』・『陳書』などを載せている。それらには言及せず、正史の小序が『晉書』の前史で終わるのは、『晉書』以降が正史であることが、唐の太宗により定められているためである。

『隋書』が編纂されるより前、貞観二十（六四六）年に唐の太宗の命で開始された『晉書』の編纂は、貞観二十二（六四八）年には完成している。したがって、顕慶元（六五六）年に完成した『隋書』経籍志が、いくら『春秋左氏伝』こそ本来の国史の体裁であると確信する杜預の影響を受けていたとしても、編年体を正史と認定することはできなかった。

それでも『隋書』経籍志が編年体を尊重していることは、古史の小序より明らかである。古史の小序は、「春秋左伝の体」は、荀悦『漢紀』を起源とするが、それ以上に編年体の重要性を認識させたものは、『竹書紀年』の発見であった、という。そして、杜預の「春秋左氏伝後序」を踏まえながら、『竹書紀年』が、戦国魏の「史の記」であり、『春秋経』と同じ編年体を取るように、「古の史の記の正法」は「春秋の体」、すなわち編年体である、と明記するのである。

もちろん、それは『史記』・『漢書』に基づく紀伝体・断代史が正史であることを否定するものではない。編年体はあくまで古史と呼んで、正史に次ぐものと位置づける。それでも、古史を高く評価することは、古史の編年体を「古の史の記の正法」とする意義づけに明らかであろう。『隋書』経籍志が、高く評価する古史を差し置いて、正史を史部の筆頭とするのは、正史が太宗に定められたことに加え、以前の紀伝体の史書を正史と位置づけることで、唐に継承されていく正統を正史により明示するためであった。

『隋書』経籍志の独自性

このように『隋書』経籍志は、杜預の「春秋左氏伝後序」の影響の下、本来の史書の体裁を編年体と考えながらも、唐の太宗が国家事業として始めた正史の編纂を尊重し、編年体を古史として、紀伝体・断代史を原則とする正史の次に位置づけた。『史記』を起源とする紀伝体とあわせ、『漢書』のように断代史として国ごとに歴史を描く正史の体裁の基本が、ここに定まったのである。また、唐の正統性に繋がらない諸国の国史は覇史とされ、異聞を伝える雑史・雑伝などと共に下位に置かれた。

『隋書』経籍志が、目録を作り史部を立てた理由は、史官の堕落を回復するためであった。史官の規範は、『春秋左氏伝』を著した左丘明ら春秋時代の「国史」に求められ、史官の役割は杜預が「春秋左氏伝序」で重視する勧善懲悪に置かれた。そして、史官の堕落を回復するために、史書それぞれの起源を明らかにして、国家の正統性を示すための毀誉褒貶の鑑を復興しようとしたのである。

『隋書』経籍志が、『春秋左氏伝』を史学の規範と仰ぎながらも、編年体ではなく紀伝体という体裁で史書を著すべし、とすることは、『文心雕龍』と同質である。『隋書』経籍志の史学論の独自性は、史官の堕落に対して、規範と成り得る目録の編纂により、史学の再興を目指したことにあると言えよう。

第七章　史学の権威と研究法

唐代の史書と『史通』

脩道館本史記評林序

山田榮造與同志胥謀。以聚珍
印行諸書。普惠後生。命曰脩道
館本。首刻史記評林。俾予序之。
坊本評林。有紅屋八尾諸版。大
抵疎謬難讀。而八尾版較佳。今

增訂史記評林　一　脩道館

『史記評林』（明治、和刻本）　江戸から明治になっても、日本における『史記』の人気は高く、何種類もの和刻本が出版された。

1 「南北史」の大一統

李延寿の「南北史」

唐の李延寿が著した『南史』八十巻、『北史』一百巻〔以下、「南北史」と総称〕は、高宗の顕慶四（六五九）年に朝廷に献上された。高宗は、両書のために、自ら序を著したという。南北朝の正史については、高祖李淵の「六代史」編纂の試みを承けて、太宗の貞観三（六二九）年、「五代史」編纂の詔が下った。房玄齢・令孤徳棻の総監のもと、貞観十（六三六）年には、姚思廉の『梁書』・『陳書』、李百薬の『北斉書』、令孤徳棻らの『北周書』、魏徴らの『隋書』の「五代史」が完成する。これらに欠けていた志についても、貞観十五（六四一）年に、「五代史志」編纂の詔が下り、高宗の顕慶元（六五六）年には完成して、やがて『隋書』の志とされる。

すでに完成していた沈約の『宋書』、蕭子顕の『南斉書』、魏収の『魏書』に加えて、皇帝の詔により南北朝後半の正史が編纂されていたにも拘らず、高宗はなぜ李延寿の「南北史」を高く評価したのであろうか。また、『南史』・『北史』の普及により、宋代には『南斉書』・『北斉書』などはもちろん、『魏書』や『宋書』にまで欠巻が生じた。それほどまでに、「南北史」が読まれた理由は、どこにあるのであろうか。

南北朝の正統性を収斂

李大師は、編年体の南北朝通史の執筆を構想して、編纂を開始していたが、志半ばで貞観二（六二八）年に死去した。李延寿は、崇文館学士などを務め、『隋書』や『晋書』の編纂に参与する一方で、父の南北朝史編纂の志を承け継ぎ、十六年かけて『南史』八十巻、『北史』百巻を完成していく。『北史』巻一百 序伝には、顓頊高陽氏に遡る「隴西の李氏」の家伝が、李大師・李延寿父子まで描かれる。その李大師の伝には、李大師が「南北史」を構想した理由として、宋・斉・梁・陳の南朝と北魏・北斉・北周・隋の北朝とは、史書が互いに「索虜」〔髪を縄で編んで弁髪にする鮮卑人への蔑称〕・「島夷」〔南方に居住する異民族への蔑称〕と呼び合っていたことへの批判があげられる。

たとえば、沈約は、元嘉二十七（四五〇）年、北魏が劉宋に侵寇したことについて、『宋書』索虜伝において、江南を「神華」と表現したうえで、北魏の侵入に対して天子（文帝）は、「天下」を挙げて対抗した、と記す。ここでの「天下」は、劉宋の領域と同義である。『宋書』は、江南のみを指す「天下」概念と「大一統」の放棄を特徴とする。

一方、魏収は、劉宋を「島夷劉裕」、南斉を「島夷蕭道成」、梁を「島夷蕭衍」として列伝で扱い、『魏書』島夷蕭道成・島夷蕭衍伝の「史臣曰く」において、南斉と梁を「自ら王者に擬」すだけの存在で、春秋末期の呉・越にも劣るとする。魏収は、北魏こそ南朝を滅ぼして「大一統」を達成すべき中華の正統国家であることを南朝の王権を全面的に否定することで明確に表現している。

だが、『魏書』は、北斉を正統とするため、西魏→北周→隋唐の正統性を明示することはない。しかも、李大師が、自分の国のことは詳細に書けても、他国のことを備えていないと『魏書』を批判するように、南北に偏りなく、「実を失」うことない歴史記述は、これまでの正史では行い得てはいない。南朝・北朝の歴史が、それぞれ自国中心であることを是正し、双方を対照して、「南北史」の記述に矛盾の起こらないよう編集したうえで、何よりも南朝と北朝の正統性をともに唐が継承していることを明示しなければならない。

父の思いを承けた李延寿は、『南史』と『北史』の二書を司馬遷の『史記』の体例に準えて著した。その際、李延寿は、家譜・家伝を集め、国家の興亡を超えた家伝の集合体として列伝を著した。李延寿が、家譜・家伝を重視した背景には、唐による『貞観氏族志』の編纂がある。

『貞観氏族志』の編纂と正史

唐における国家的身分制としての貴族制を可視化した『貞観氏族志』は、貞観六（六三二）年に完成した。しかし、太宗の意に叶わず、再編纂を命じられた。『貞観氏族志』は、貴族の家柄を九等に格付けしたが、最初に上奏された本では、博陵の崔民幹を第一等としていた。「博陵の崔氏」は、貴族間では第一等の評価を受けていたが、唐朝に仕えて宰相などに就いているわけではなかった。貴族の社会的権威を否定し、国家の官僚であることを価値の最上位としたい太宗は、このため再編纂を命じたのである。その結果、貞観十二（六三八）年に完成した再奏本では、崔民幹は第三等とされた。『貞観氏族志』の編纂にあたった高士廉・韋挺・岑文本・令狐徳棻のうち、岑文本は令狐徳棻を助けて、「五代史」の一つ『北周書』の編纂に当たっており、令狐徳棻は『北周書』を著したほか、「五代史」全体の総監諸代史であった。『北周書』を含む「五代史」は貞観十（六三六）年、すなわち貞観六（六三二）年の『貞観氏族志』と貞観十二（六三八）年の改訂本の間に完成している。

李延寿は、『貞観氏族志』の完成後、令狐徳棻の引きで『晉書』の編纂に参加しており、『貞観氏族志』が、貴族を九等に分けていく際に、「天下の譜牒」（家譜）と「史伝」とが典拠とされ、その真偽を定めたことを知っていた。それ以前には、敬播・顔師古・孔穎達のもとで斉・梁・陳史の編纂に従事し、やがて褚遂良のもとで『隋書』の編纂にも携わっていく。

李延寿はそうした中で、南北朝を問わず、貴族の家譜を調べ、史伝を読むことを通じて、貴族の家ごとに列伝を立てる「南北史」の構想を考えて史料収集に務めた。さらに、高宗の顕慶元（六五六）年、『隋書』に志として加えられた『五代史志』三十巻にも、長孫無忌のもと于志寧・李淳風・韋安仁と共に撰述にあたっている。

したがって、李延寿が「南北史」において貴族の家伝・家譜を史料としながら列伝を編纂する際には、『貞観氏族志』の再編を命じた太宗の次のような方針を規範としよう。

> ①我がいま氏族を定める理由は、今朝〔唐〕の冠冕〔位の高い者〕こそを尊重しようと考えるためである。何によって崔幹〔崔民幹〕がなお第一等と成りうるのか。これを見ると卿たちは我が官爵を貴ばないのか。②数代より以前を論ずるのではなく、ただ今日の官品を取り、人才に等級を作

れ。一たび定めて、それを永遠の法則とせよ。

（『貞観政要』論礼楽）

太宗は、漢人の間で最も尊重され「山東四姓」と称された「崔・盧・李・鄭」が、代々衰えて、唐の官僚として高位に就けないにも拘らず、世間において、なぜ尊重されるかと前段で述べている。国家とは別に社会で成立する貴族の自律的秩序を承認しないのである。西晉において州大中正の制に五等爵制を組み合わせることで構築された国家的身分制としての貴族制では、太宗の主張するように、皇帝のために功績を挙げ、爵位を受けることこそが、高官を世襲する貴族として必要な条件であった。

また、その一方で、太宗が引用した文の後段において、社会的な存在としての貴族の本質的な存立基盤が、文化の専有にあることについて、「道義が清素であり、学藝が通く博じる」ことが貴族には必要であると述べて、認めていることも興味深い。そうした文化の専有こそ、「山東四姓」を筆頭とする貴族の本来的な存立基盤であったからである。

それにも拘らず、太宗には、儒教経義を統一した「五経正義」や『藝文類聚』などの類書の編纂、あるいは本書で論じている「正史」の理念の確立による「史」という文化的価値の収斂などの文化事業によって、それを国家に収斂しているとの自信があったのであろう。それが、①「今朝の冠冕」を尊重するために、「氏族」を定めた、という宣言に現れているのである。太宗にとって、貴族とは、あくまで唐において高位・高官に就いた者のことで、貴族制はこれに従って、序列づけられるべきものであった。

それでは、李延寿は、②「数代より以前を論ずるのではなく、ただ今日の官品を取り、人才に等級を作れ」という、太宗の示した貴族制の序列への規範に基づいて、「南北史」を著すことができたのであろうか。

史書による大一統

「南北史」の列伝は、一族ごとに列伝をまとめて示す。それぞれの一族の中で、最も古く遡れる人物の後に、その一族の人物を載せるという叙述方式を取るのである。通史の体例に基づき、国家を超えて貴族を通覧できる「南北史」は、貴族の系譜を調べるには相応しい。他の南北朝の正史よりも読まれた理由の一つである。

「南北史」よりも先に編纂された『貞観氏族志』により九等に分けられた貴族、その歴史を通覧しようとすれば、国家を超えて貴族の系譜を辿れる「南北史」は有用である。一つひとつの貴族の家譜を見る必要がないためである。ただし、「南北史」は、それぞれの家譜を国家の記録として収斂し、唐の価値観に基づいて並べ直したものであった。したがって、もともとの家譜が持っていた自分の祖先を飾るような行為は、唐が認めなければ認められない。こうして貴族の社会的権威は、唐に収斂されていく。

李延寿の「南北史」が目指したのは、貴族の家譜・家伝、そして「史」という文化的価値の国家への収斂であった。貴族の自律性、あるいは地域への規制力の淵源となっていた家譜・家伝は、ここに国家により統一された。それは、どの地域の何氏かという地域性の確定でもある。これらは、八柱国〔西魏で柱国大将軍に任じられた家、北周の宇文氏・唐の李氏を含む〕・十二大将軍家〔八柱国に次ぐ家、隋の楊氏を含む〕を頂点とする北朝系の貴族だけでなく、斉・梁の皇室である蕭氏などの南朝系の貴族に対しても同様に行われた。『北史』だけではなく、『南史』が必要であった理由である。これにより、李延寿は、太宗の示した貴族制の序列への規範に基づいた「南北史」を完成できたのである。

太宗は、次のような言葉を残していたという。

> 古より皆中華〔漢人〕を貴び夷狄を賤しんでいたが、朕はひとり漢人と夷狄を共に愛すること一の如きである。そのゆえに夷狄の種族がみな朕に依ることは父母のようである。
>
> （『資治通鑑』唐紀 貞観二十一年条）

このような太宗の規範のもと、唐の皇帝の下に胡漢の別を問わず、すべての民が、そして貴族が序列化されていく。こうした唐の統一を尊重するという意味で、李延寿の「南北史」は、「大一統」、一統を尊重するという春秋学の理念を体現した史書であった。高宗が、李延寿の「南北史」を高く評価した理由である。

史書と貴族制

李延寿の「南北史」は、『史記』から始まる「二十四史」の中で、「一家言の書」としての史書の掉尾を飾る。しかし、それはすでに李延寿という個人の史家の見識を示す書ではない。列伝に貴族の家伝・家譜を収斂した際に、李延寿が資料とした家伝・家譜にはそれぞれの家の自律性が含まれていた。それにも拘らず、完成した「南北史」の列伝に記された貴族の歴史は、あくまで唐の貴族としての起源を証明するものであった。「南北史」は、「史」という文化的価値が、正史という形で国家に収斂されていくことを象徴する史書なのである。

南北朝の各国家ごとの断代史の正史が存在しながら、「南北史」が唐の高宗に高く評価された理由は、李延寿の「大一統」の姿勢にあった。唐の「大一統」へ向けて「南北史」を描かせることで、唐は南北朝のすべての国家の正統性を継承することを明示し得た。また、断代史の正史が欠けるほど「南北史」が普及した理由は、閉鎖的婚姻圏により保たれる唐の貴族制において、国家が公認した氏族譜をまとめた「南北史」が、その基準となったためであった。

唐は、「南北史」の承認により、南北朝を統一した唐の「大一統」と、唐の『貞観氏族志』のもと閉鎖的婚姻圏として視覚化されるように編成した国家的身分制としての貴族制の起源とを史書として明示し得たのである。

2　『史記』三家注

『史記集解』と異聞注

司馬遷の著した『史記』は、班固の『漢書』が多くの解釈に恵まれたことに比べると、注釈の数が多くはなかった。それでも、やがて劉宋の裴駰が著した『史記集解』、唐の司馬貞が著した『史記索隠』、同じく唐の張守節が開元二十四（七三六）年に完成した『史記正義』という『史記』の注を代表する三家注が著された。このうち、『史記索隠』と『史記正義』は、それぞれ単独の著作として、本文とは別に通行していた。やがて、南宋の乾道七（一一七一）年に、集解と索隠の二注合刻本が出版され、同じく南宋の慶元年間（一一九五～一二〇〇年）には、集解・索隠・正義の三注合刻本が出版された。それでは、『史記』の三家注は、どのような特徴を持ち、また何を目的に『史記』に注を付けたのであろうか。

『史記集解』を著した劉宋の裴駰は、『三国志』に注を付けた裴松之の子である。裴松之は、①補闕・②備異・③懲妄・④論弁という四種の体例に基づき、『三国志』に注を付した。①補闕とは、簡略な陳壽の『三国志』の記事を補うもので、多くの史書が異聞として裴注に引用された。また、本文と異なる異聞を引くことが②備異、本文および引用した異聞を史料批判することが③懲妄、史実への論評が④論弁である。裴駰は、父の創設した史料批判による史的方法論に基づく注の付け方を『史記集解』に援用したのであろうか。

裴駰は、序における『漢書』司馬遷伝の賛で、班固が展開する司馬遷と『史記』への評価を省略せずに長々と引く。班固の『漢書』の影響力は、圧倒的であった。裴駰は、班固が『史記』を「一家の言」と評価することを確認した上で、『史記』のテキストが乱れていることを問題とする。そして、徐広の著した『史記音義』が諸本の校勘をしたうえで、音義注〔文字と音と意味を説明する注〕を付け、さらに詳細に異同を並べたと高く評価する。たとえば、『史記集解』秦始皇本紀には、「もし法令を学ぼうと思えば、吏を師とせよ」という本文に対して、徐広の「ある本には法令という二字は無い」という校勘結果が引用されている。焚書坑儒に関わる李斯の建言において、二字の有無は、法令を吏から学べとしたのか、すべての学問を秦の法令に精通する吏から学べ、すなわち法令だけを学問とせよ、としたのかという違いになる。通常は、徐広の校勘を生かして、後者の理解をする。このように秦の支配政策の評価を定めるテキストの異同が、徐広の校勘により定められているのである。徐広の校勘を今に伝えた裴駰の『史記集解』がなければ、『史記』を正確に読むことはできないのである。

裴駰の集解は、徐広の『史記音義』を引用しながら、さらに父の『三国志』注の方法論である①補闕・②備異・③懲妄を用いて、『史記』に注を付けていく。④の論弁は、あえて行う力はないと謙遜して用いない。また、①補闕・②備異・③懲妄も、父ほど積極的には行われていない。こうした裴駰の態度は、時代が離れていることに起因する、先行する史書の不足に原因がある。前漢武帝期に『史記』が著されてから長い歳月が立ち、父の裴松之が『三国志』の異聞を集めたほどの材料は、すでに残っていなかった。さらに、時代の隔たりによる音訓の変化は、音義注に重点を置かざるを得なくしていた。それでも、裴駰は、豊富な『漢書』顔師古注、譙周の『古史考』や皇甫謐の『帝王世紀』といった『史記』の続成書、あるいは鄭玄の経書への注などを博捜して、異聞を集めた。裴駰は、父の創めた史的方法論を『史記集解』に継承したのである。

『史記索隠』の補史

裴駰の『史記集解』の後、蕭斉の鄒誕生『史記音義』・唐の劉伯荘の『史記音義』なども現れたが、三家注として列せられるのは、唐の中ごろに別々に編纂された『史記索隠』と『史記正義』である。このうち、『史記索隠』は、唐の玄宗の開元年間（七一三～七四一年）に弘文館学士となった司馬貞により著された。司馬貞は、その執筆目的について、『史記索隠』序において、『史記』は、残欠した部分が多いとはいえ、古史であるため、軽々に穿鑿を加えることはできない。そこで、異聞を集め、典故を採り、解釈できない所を解釈し、述べられていない所を述べねばならない、と主張する。具体的には、司馬貞は、『史記』に欠けている「述賛」〔本文の記述への評価〕を著し、『史記』を継ぐために三皇本紀を補った。後者が、『史記索隠』最大の特徴である。

『史記索隠』三皇本紀は、諸説ある組み合わせの中から三皇を伏犠・女媧・神農と定める。それは、

『礼記正義』・『尚書正義』・『毛詩正義』といった「五経正義」では、鄭玄の注を引用して三皇を「伏羲・女媧・神農」としているからである。実は、鄭玄は「六藝論」では、三皇を「遂皇」（燧人）・「伏犧」・「神農」としており、陳寿の師である譙周の『古史考』はこれに従っている。それでも、司馬貞が採用したものは、「五経正義」の鄭玄説であった。ここには、司馬貞がどのように『史記』を補おうとしたのかの基準が示される。司馬貞は、唐で正統と定められた儒教経義に基づき、『史記』を補っているのである。

司馬貞は、「補史記序」において、司馬遷の『史記』を『春秋』の絶筆を継ぐものと高く評価しながらも、班固と同様に、『史記』が経に基づかないことを批判する。そして、すでに蜀漢の秦宓が、『史記』が『大戴礼記』に基づき五帝から記述を始めることを批判していたのと同じように、『史記』が三皇の本紀を欠くことを批判する。こうした『史記』の欠点を克服するためには、譙周の『古史考』などに基づくのではなく、唐が定めた正統な儒教経義を記す「五経正義」に基づいて、三皇を「伏犧・女媧・神農」としなければならなかったのである。

司馬貞は、このように単に注を付けるだけではなく、本文を加えるという新たな方法論により、これまでとは異なる史学の可能性を追究した。現存最古の三注合刻本である南化本は、目録に「集解」と「索隠」・「正義」の間に「補史」という項目を置き、「補史」と「索隠」に司馬貞の名を掲げている。そのうえで、第一巻の「五帝」の前に「三皇」を置き、「司馬貞補史」と記している。司馬貞の「補史」という新たな方法論への尊重を窺い得よう。『漢書』を『漢書』により解釈する顔師古のような経学的方法論では、あくまで『史記』は『史記』の内部から正確に解釈すべきであった。それを超えたことを司馬貞は、『史記』序の最後に次のような自己評価を掲げることにより示している。

> 貞は地位は顔公（顔師古）に及ばないが、すでに旧史（史記）を補い、兼ねて新意を下した。どうして（顔師古に）劣ることがあろうか。
>
> （『史記索隠』序）

司馬貞は、「隠」れている部分を「索」し出すために、あるべき史書を自ら作り出した。それが、顔師古に劣らないという揺るぎなき自己評価の淵源となっているのである。

『史記正義』と「経」の方法論

司馬貞の『史記索隠』より少し遅れ、索隠を見ることなく著されたものが、張守節の『史記正義』である。張守節は、司馬貞と同様、『旧唐書』・『新唐書』に専伝がなく、詳細な事跡は不明である。序によれば、張守節は、三十年余りをかけて『史記正義』三十巻を著している。その際に用いた資料は、経書・諸子のほか、とくに地理書・音韻書を挙げる。事実、『史記正義』は、太宗の子の李泰が蕭徳言らに編纂を命じた『括地志』を多く引用するなど、地理に詳細である。また、「論音例」を立て、『史記』の文章に即して音注を施すなど、音韻も充実している。

また、裴松之注から始まる「異聞」を集める注も豊富である。項羽が垓下で包囲され、「力 山を抜き」から始まる有名な詩を歌ったあと、「美人之に和す」には、次のような正義が付けられる。

和は音が胡臥の反である。『楚漢春秋』には、「(虞美人は)歌って、「漢兵已に地を略し、四方に楚歌の声あり。大王の意気尽かば、賤妾何ぞ聊も生きん」とした」とある。

(『史記正義』)

最初が音注である。「反」とは、二字の母音と子音を組み合わせて、対象とする字の音を示す方法で、ここでは、「和」の音は、「胡」kō＋「臥」gāでkaとなる。もちろん、日本語の音と唐代の音とは異なるが、現代中国語よりは近く、おおよその音を推測できる。「異聞」として引用する陸賈の『楚漢春秋』が伝える虞美人の歌は、なぜ五言詩であるのか疑問も残る。当時は楚歌は七言、中原の詩は四言が普通であるが、偽作である証拠もない。『楚漢春秋』が散逸している以上、虞美人の歌は、これに拠るしかない。

このように、張守節の正義は充実した内容を持つが、それがために繁雑とされ、実際に『史記索隠』と重複する箇所も多かった。このため、三注合刻本が出版されるに当たり、多くが削除された。ところが、日本に残存する南化本『史記』(南宋時代の最古の三注合刻本で、旧米沢藩上杉家旧蔵本。国宝)には、多くの書き込みがあり、そこに三注合刻本を製作する際に削除された『史記正義』の佚文が残る。

佚文の正義より分かることは、『史記正義』が『史記集解』の注釈書、「経」で言えば、「疏」に当たる性質を持つことである。削除された張守節の正義の中には、裴駰の集解を説明するために著されているものも多いのである。「五経正義」に準(なぞら)えて、司馬遷の本文を「経」、裴駰の集解を「注」とするならば、張守節の正義は「疏」に当たる役割を果たしている。これは、司馬貞の『史記索隠』が、あくまで『史記』の本文に注を付けていることと、鮮やかな対比をなす。

現行の三注合刻本は、『史記正義』のうち、『史記集解』の「疏」となっている部分を省き、ある場合には改変して、本文に付せられた注のように正義を改変している。『史記』に対して、裴駰の『史記集解』・司馬貞の『史記索隠』・張守節の『史記正義』が並立した注となるように、編纂したためであろう。南化本などから『史記正義』の本来の姿が復元されたことで、張守節の『史記正義』が持っていた『史記集解』の「疏」としての性質を把握できた。『史記正義』は、あたかも経学の正義のように、『史記』の本文に、そして『史記集解』に寄り添い、その正確な意味を把握するよう努めたのである。

『史記正義』は、その書名からも明らかなように、史書への注でありながら、「五経正義」の体裁と近似性を持つに至る。正史を筆頭とする史書は、国家の正統性を示すために国家が編纂するものになっていた。したがって、史書は、経学と同様、国家の正統性を示すものとして、その正確な解釈をしなければならない、という意識を『史記正義』には見ることができるのである。

『史記』三家注の史学史的位置

『史記』の三家注は、『後漢書』李賢注において整えられた三種類の注を継承していた。『漢書』に注を付けた顔師古が重視する音義注、「史」を起源とし『三国志』に注を付けた裴松之が重視する異聞注、「文」で重視し『文選』に注を付けた李善が尊重する引證注である。

そのうえで、『史記』の三家注それぞれの特徴を考えると、裴駰の『史記集解』は、父裴松之の創めた「史」の方法論を継承しながらも、時代の隔たりにより異聞は控え目に掲げるだけで、音義注に重点を置くものであった。また、司馬貞の『史記索隠』は、本来あるべき本文を書き加える「補史」という新たな方法論により、これまでとは異なる史学の可能性を追究した。そして、張守節の『史記正義』は、「経」の方法論に準拠し、『史記』の本文に、そして『史記集解』に寄り添い、それらの正確な意味を把握しようと努めた。それは、唐の中期になると、正史を筆頭とする史書は、国家の正統性を示すために国家が編纂するものであるとの意識が普遍化し、史書は、経書と同様、その正確な解釈をしなければならないものと位置づけられてきたことを示す。

こうした史書が国家の正統性を担うべきという考え方の中から、北宋の欧陽脩の正統論や司馬光の『資治通鑑』編纂が現れてくる。その一方で、国家の史局で多くの学者により編纂された史書が、経書と同様の権威を持つことは、かつての『史記』や『漢書』が持っていた著者の「一家の言」としての歴史への思いが、欠けることを意味する。史書の思想的な深みや文学性といった「おもしろさ」は格段に薄くなる。あるいは、正史が経書のような無謬性を持つのであれば、陳寿が『三国志』で

「春秋の筆法」により蜀漢の正統に潜ませたような、現実の国家の正統認定に対する意義申し立てを史書で行うことは不可能になる。現実の国家や社会のあり方を批判するという『春秋左氏伝』序で杜預が強調した、毀誉褒貶という史学の目的を果たすことが難しくなる。それが、唐代に編集された御撰『晉書』以降、正史の読者を減少させた一因であった。そうした史局による正史の編纂に反逆した者が劉知幾である。

3 『史通』の特徴

西欧史学と『史通』

清末の梁啓超によれば、中国の「史」は、左丘明・司馬遷・班固らから始まったが、中国の史学は、劉知幾・鄭樵〔南宋の史家、『通志』を著す〕・章学誠〔清の史家、『文史通義』を著す〕から始まった、という。三大史評家と称される、かれらの史評という方法論を史学という学問分野の始まりとして高く評価するのである。また、京都大学の東洋史の基礎を定めた内藤湖南も、劉知幾の史識は鋭く、史学を通論したものの中では優秀なものである、と『史通』を高く評価する。

あるいは稲葉一郎によれば、『史通』は『則天実録』編修の際、取り入れられなかった自らの主張を後来の史官のために、歴史叙述の方法論として著したもので、史才論・史料批判などの史料論・歴史認識・歴史叙述を論ずる史学方法論を記述したものであるという。こうした理解は、近代歴史学の祖であるランケによる史料批判をその中に組み込んだ史学方法論の確立が、科学としての歴史学の成立を意味するものであり、中国史学史でも歴史家の科学性への取り組みに焦点をあてなければならない、という問題意識から導き出された。

　西欧の史学の「科学性」を基準に、劉知幾の史学思想を把握することには、さして意味はない。これから述べるように、王充の『論衡』の影響下に行われた『史通』の経書批判は、『尚書』と『春秋』という経書を史書として把握することにより行われた。そして、『春秋』経は、孔子が「行事」を託した左丘明の左氏伝を俟って初めて事実を正しく伝え得る、と主張する。そこで劉知幾が目指したものは、経書の史書としての不十分さを補うものが、史書の規範とすべき「左氏伝」であることの証明にあった。また、『史通』は、劉勰の『文心雕龍』の影響下で、経書を史書の起源とすることで、「史」を儒教の枠組みの中に整除している。

　劉知幾の史学思想は、西欧史学との対比の中で、その科学性を論じ得るものではない。それを証明するためにも、劉知幾が、自らの思想を組み上げるために用いた王充の『論衡』・劉勰の『文心雕龍』と比較しながら、『史通』の特徴を考えていこう。

『論衡』の経書批判

劉知幾は、後漢の王充が『論衡』で展開した孔子への批判を高く評価する。そして、『史通』惑経の篇末において、『論衡』問孔篇では『論語』の誤りが指摘されるものの、『春秋』については明確にされていないので、それを著したと述べている。王充の『論語』批判から掲げていこう。

王充の『論語』への論難は十八項目に及び、その批判には二種の方法論が用いられている。たとえば、『論語』雍也篇に見える、孔子が衛君の淫乱な夫人である南子にまみえ、子路が悦ばなかったところ、孔子が「予れに否なる所あらば、天 之を厭せん。天 之を厭せん」と誓った言葉を批判する事例を取り上げよう。

> これまで天が（人を）圧殺したことなど無い。（孔子が）「天がわたしを圧殺しよう」と誓ったとしても、子路はどうしてこれを信じられようか。……子路は道に入るのが浅いといっても、なお事の実を知っている。事が実でなければ、孔子が誓っても、子路は納得できまい。
>
> （『論衡』問孔篇）

これは、王充の『論衡』に広く見られる、経験則からの批判である。王充は、自らの経験に即して、事実であると類推できないことを否定する。この批判方法より、王充は、『論語』の論理矛盾を指摘していく。これが、第一の方法論である。

また、王充は、孔子が天を持ち出して子路に誓う『論語』に対して、舜が禹を戒める際に、天ではなく堯の不肖の子丹朱を引き合いに出す『尚書』益稷篇を持ち出して、『論語』を批判する。第二の方法論としての他書との比較である。

そして、『尚書』が天を持ち出さないのは、好んで天を引用する者は俗人であると知っていることによるという。王充は、天は「自然にして無為」であると考えているので、天が意思を持つように言うのは、孔子の便法にすぎないという。それなのに、便法を事実のように記載すれば、孔子は俗人と同じように描かれる。したがって、この場において、子路が孔子の発言を批判すべきであった、と王充は考えるのである。天はあくまで「自然にして無為」であるが、孔子は分かり易くするために、天に意思のあるかのように言った。それを無謬とすることを王充は批判する。すなわち、王充は、自らの天への理解を基準として、『論語』の記述を批判しているのである。

王充の『論語』批判は、自らの天への観念と孔子の言葉との矛盾を『論語』の記述を批判して解決しようとするものであった。しかし、漢代では、その経書への批判を正面から受け止められることはなかった。それでも、たとえ不完全であっても自らの論理により、経書の矛盾を解決しようとした王充の試みと方法論は、劉知幾の『史通』に影響を与えたのである。

『史通』の『尚書』批判

劉知幾の『史通』疑古篇は、王充が『論語』を批判した方法論を継承しながら、春秋時代以前の『尚書』の記録について批判を展開していく。

第一は、経書の矛盾について、経験則に基づく自らの「理」によって批判するという王充の方法論の援用である。たとえば、舜が蒼梧で崩御したという『尚書』の記述に対して、劉知幾は、禹に追放されたのではないか、と異議を唱える。あるいは、舜と禹に仕え、禹から王位を譲られようとして断った益が、禹の子である啓に誅殺されたという「汲冢書」の記述について、『史記』は益から啓が譲られたと明記するにも拘らず、劉知幾は、東晋の安帝より禅譲を受けて帝位に就いたが、劉裕に殺害された桓玄の事例からの類推により、「汲冢書」を正しいと主張している。

王充の第二の方法論である、他書との比較によっても、劉知幾は『尚書』を批判する。たとえば、尭・舜のとき誰もがその徳化を受けたという『尚書』の記述について、『春秋左氏伝』や『論語』が記す、尭・舜時代の徳化を受けていない人々の存在を対置して、『尚書』の記述の虚妄性を劉知幾は暴く。あるいは、殷末の紂王に多くの臣下が仕え、周の武王との牧野の戦いでたくさんの血が流れたという『尚書』の記述について、武王が徳により、天下の支持をほぼ得ていたという『論語』の記事と矛盾すると『尚書』を批判している。

後述するように、『尚書』という経書を「言」を記した史書と把握する劉知幾の前提を承認するのであれば、第一の方法論は、史料の矛盾を指摘して、史料の信憑性と正確性を解釈により批判する内的史料批判と呼び得る。また、第二の他書との比較という方法論も、『尚書』が史書であれば、裴松之が「異聞」を引き、本文の内容を訂正したのと同様の外的史料批判と位置づけられよう。

すなわち、劉知幾は、『尚書』を史書と把握することで、王充の方法論を裴松之の確立した史学独自の史料批判という方法論へと転化して、経書の史料批判に用いたと考えてよい。それは、『尚書』は本来史書、さらに分類すれば「事」ではなく「言」を記した史書であるため、事実関係の記述が不十分であるという劉知幾独自の認識に基づき行われた。実際、批判されることは、すべて事実関係であった。劉知幾はそれを次のように説明する。

> 古(いにしえ)の史書は、二つに区分できる。①一つは記言(きげん)であり、二つは記事(きじ)である。ただし古人の学ぶものは、言を中心とした。……記言の史書が重んじられたのは、明確に知ることができる。②左丘(さきゅう)明(めい)が伝をつくると、義は経を解釈したが、語は事を雑(まじ)えた。このため両漢の儒者は、左氏伝を憎むこと仇敵のようであった。こうして(言を記す公羊(くよう)・穀梁(こくりょう)の)二伝が大いに行われ、名声を世に擅(ほしいまま)にした。……『尚書(しょうしょ)』の記載は、言を中心とする。③(そのため『尚書』は国家の)興廃の事に至っては、万に一つも記していない。その欠略を挙げれば、尽くせないほどである。このため後人は、唐(とう)・虞(ぐ)〔尭・舜〕以降の帝王の事は、未だ明らかにしにくいと言ったのである。
>
> (『論衡』疑古篇)

劉知幾は、古(いにしえ)の史書を①「記言」・「記事」の二種に分け、『尚書』など「言」を記す史書が尊重されたとする。また、②「事」を記す『春秋』の中でも、とくに「記事」に優れる左氏伝は仇敵のように嫌われ、公羊伝・穀梁伝が尊重されてきたという。『尚書』は「記言」の史書であり、③国家の興廃の「事」を万に一つも記しておらず、このため尭・舜以降の帝王のあり方が、事実関係において信頼できなくなったのであると主張する。

そして、「事」が記されていれば、『尚書』に「言」を残す春秋以前の聖人たちも、悪の部分が描かれたであろう、と問題を提起する。劉知幾は、近ごろの史が、君主の「言」を詳細に、「事」も取捨選択しないで著されていることと、古とは異なる、と指摘する。古の史書は、「事」を記すのは概略だけで、そこに「褒諱」を加える。とくに、君主を褒めるだけで、悪を諱んで記さないことを劉知幾は問題視する。このため古の事実関係が詳細に伝わらなかった、と主張するのである。

その差異を明瞭にするため、「漢・魏・晉・宋の君」と「尭・舜・禹・湯〔殷の創始者〕の主」がそれぞれの反対の記録の残され方をすれば、その評価は分からない、という。このように述べて、劉知幾は儒教の理想とする君主たちの聖性を疑う。そして、『尚書』武成篇の信用性を疑う『孟子』の言葉を引用した後、事実を歪曲する王沈の『魏書』や嘘偽りを記す沈約の『宋書』と比べても、『尚書』の記述は信用できない、とするのである。

このように劉知幾は、儒教経典を史書と設定することにより、その事実関係の叙述が悪を「諱」んでいると攻撃し、儒教の聖人像を偏頗なものと批判する。王充に比べて、きわめて儒教に厳しい態度であると言えよう。

『史通』の『春秋』批判

劉知幾は、「言」を記す『尚書』と同様に、「事」を記したはずの『春秋』経をも批判する。そうした信頼性のなさを招いたものは、『春秋』で用いられた「隠諱」する筆法によるという。魯の史官は、『春秋』を著す際に、「賢者」や「本国」のために事の大小となく、みな隠し諱んだ。しかも、『春秋』だけではなく、六経すべてが、隠し諱んだ箇所を持つ、事実関係が信頼できない書籍であると劉知幾は主張するのである。

具体的には劉知幾は、二つの論点から十二の事例を挙げて、『春秋』を批判している。

第一に、書法・凡例など『春秋』の体例の矛盾を批判する。たとえば、襄公七年・昭公元年・哀公十年に君主が「弑」されているにも拘らず、『春秋』経は「卒」の文字を用いており、君主の死去を表現する書法に誤りがあるという。このように劉知幾は、『春秋』経の記述が、伝の解明した書法や凡例から逸脱していると批判する。だが本来、経の雑多な文章から、伝が法則性を抽出して考案したものが書法である。したがって、経がそれをすべて満たすべきとすることは、論理が転倒している。もともと経は、伝が説くほどの明確な法則性を持って本文を記載してはいないのである。

第二は、隠し諱むために、『春秋』経が事実を十分に記載していないことを批判する。たとえば、閔公二年に斉の桓公が衛を滅ぼしたことを諱んで「滅」と書かず、僖公二十八（前六三二）年に晉の文公が天子を河陽に呼びつけたことを諱んで「狩」と書くことを批判する。また、左氏伝では詳述する魯の陽虎の反乱について、『春秋』経が諱んで書かないことを批判する。第二の批判は、『春秋』経が事実を記していないことに向けられており、『尚書』への批判と同じである。劉知幾は、『尚書』と『春秋』を史書と把握し、史書として記すべき事実を両書が十分に書いていないと批判するのである。

換言すれば、両者を史書として把握しなければ成立しない批判と考えてよい。

左氏伝の役割

劉知幾は、王充から方法論を継承する一方で、『尚書』と『春秋』という経書を史書として把握する、という独自の方法論を持つ。そして、史学が尊重する事実という点から、両書の記述を批判するのである。本来「言」を記述した『尚書』はもちろん、「事」を記述する『春秋』経も、隠し諱む書法を持つため不十分である。ただし、『春秋』経は、孔子が「行事」〔人々の行動の記録〕を託した左丘明の左氏伝を俟つことで、事実を正しく伝えていると批判を留保する。たとえば、『春秋』経が諱んで書かない陽虎の反乱について、左氏伝が詳述することを劉知幾は次のように理解する。

> ①左氏伝はその事を備えているのに、『春秋』経がそれを伝えないのは、なぜであろうか。……（『春秋』経が）②大事を省いて小事を記録に残しているのは、理として勧善懲悪に悖っている。
> （『史通』惑経篇）

劉知幾は、①経が記さない行事を左氏伝が補っている理由を考えていき、②大事を省略し、小事を記録している『春秋』経を批判し、左氏伝が『春秋』経の執筆目的と規定する勧善懲悪に悖っている、と左氏伝の立場から『春秋』経を批判するに至る。

『春秋左氏伝』に注を付けた杜預の経典解釈は、左氏伝に依拠して『春秋』経を解釈する「拠伝解経法」による。劉知幾の方法論は、杜預と同じである。しかし、杜預は『春秋』経を批判するに至らなかった。これに対して、劉知幾が『春秋』経を批判するのは、孔子が『春秋』にさほど手を入れていないとの前提による。

杜預が、孔子による『春秋』への加筆に毀誉褒貶を見ることに対して、劉知幾は、『春秋』を褒貶の書として賛美する『孟子』や、孔子の死後「微言が絶えた」と記す『漢書』を批判する。『春秋』に孔子が毀誉褒貶を加え、微言を含めたことを認めないのである。この結果、『春秋』経は、事実関係の記述が不十分なだけの史書とされる。劉知幾が『史通』申左篇において『春秋』の義を説く公羊伝・穀梁伝を否定して、「行事」により『春秋』を補う左氏伝を三伝の中で最も高く評価するのは、『春秋』を「行事」の記述が不十分な史書と認識し、それを補い得る左氏伝の役割を尊重するためなのである。

劉知幾は、それでも『春秋』経が尊重されてきたのは、儒教が伝授してきた、あるいは多くの人が良いとしてきたからにすぎないという。『尚書』も同じなのであろう。史書として見た場合、『春秋』や『尚書』は、事実関係を正確に記すことのない書籍であり、尊重する必要はない。それが劉知幾の経書への態度であった。

もちろん、経書よりも史書が優れているというわけではない。隋という「仏教国家」の早期の滅亡や、帝室の道教尊重とは無関係に儒教の経義に基づいた「古典中国」を規範として唐が運営される中で、儒教の優越は劉知幾に身体化されていた。儒教が仏教・道教よりも優れているという認識を前提としたうえで、『尚書』と『春秋』という経書が、史書としては優れていないことを劉知幾は主張しているのである。

王充は、経書を批判する中で、自らの運命論や「天」観念を証明しようとした。劉知幾はそのような営み、すなわち経学に代わる「史」が基づくべき歴史哲学を創造するために経書を批判したわけではない。劉知幾が目指したのは、経書の史書としての不十分さを補うものが、史書の規範とすべき左氏伝であることの実証にあった。それが四部分類(しぶぶんるい)において、史部が経部に次ぐ地位を占めることができる理由でもあった。

こうした劉知幾の主張は、『尚書』と『春秋』を史書と見なして初めて成立し得る。それでは、なぜ劉知幾は、両書を史書と見なせたのであろうか。そこには、経書を「文」と見なし、劉知幾とは逆に経書に最高の「文」という評価を与えた『文心雕龍』の影響が考えられるのである。

『文心雕龍』の影響

劉知幾は自叙の中で、自らに影響を与えた著作として王充の『論衡』と共に、劉勰(りゅうきょう)の『文心雕龍(ぶんしんちょうりょう)』をあげる。劉知幾の『史通』は、史書の起源に『尚書』と『春秋』を置き、史学の目的を鑑(かがみ)となり得る勧善懲悪の規範の提示とする。とくに『尚書』と『春秋』を本格的な史書の始まりと把握することは、『史通』の特徴である。このような経書を史書とする劉知幾独自の視座には、『文心雕龍』の影響がある。「文」の起源を経書に求める『文心雕龍』の影響下に、「史」の起源を経書に求める『史通』が成立したのである。ただし、『文心雕龍』は、「文」の起源を経書に求めるが故に、「文」の最高峰を経書とした。だが、『史通』は「史」の起源を経書に求めながらも、史書と把握した経書を批判する。その理由を『文心雕龍』との関係性がとくに深い、史書の文章のあり方を論じた『史通』の叙事篇から考えていこう。

> ①史書の美点を称する者は、叙事を先とする。功績と過失を書き、善悪を記し、文彩はあるが華麗ではなく、質実であるが粗野ではなく、人にその滋旨を味わせ、その徳音を慕わせ、三たび反復しても疲れず、百遍読んでも飽きないような文は、作者が聖人でなければ、誰が書けようか。②むかし聖人（の孔子）が（『尚書』と『春秋』を）述べて作ると、尭典から始まり、獲麟で終った。……③（漢の）揚雄は、「事を説く書で『尚書』より明確なものはなく、理を説く書で『春秋』より明確なものはない」と言った。そうであれば言わんとすることは奥深く、訓詁で意味が明らかになる『尚書』と、明らかなことは簡単にしながら深いことは明らかにして、婉曲でありながら筋の通っている『春秋』とは、④道を異にしていても、またそれぞれ美がある。……後に司馬遷の『史記』、班固の『漢書』が、⑤聖人（の作）を継いで作られたが、⑥それらは『尚書』・『春秋』の次となるものである。このため世の⑦学者は、みな先に五経といい、次に三史という。経と史の区分は、ここに生まれた。
>
> （『史通』叙事篇）

劉知幾は、ここで①史書の美点とは「叙事」である、と主張する。劉知幾は、疑古（ぎこ）篇・惑経（わくけい）篇では、史書には、『尚書』を祖とする「言」を述べるもの、『春秋』を祖とする「事」を述べるものがあるとしていた。そのうち、「美」とすべきは、「事」の叙述とするのである。ただ、ここでは、③『尚書』が「事」を説くという揚雄の『法言（ほうげん）』寡見（かけん）篇を引用することで、『尚書』も「事」を叙べる史書とする。それは、②聖人の孔子が『尚書』と『春秋』で著した「尭典（ぎょうてん）」（『尚書』）から「獲麟（かくりん）」（『春秋』）までを史書の起源とする主張を引き出すためである。

そして、④・⑤・⑥と『文心雕龍』の言葉を踏まえながら、司馬遷の『史記』と班固の『漢書』が、孔子の『尚書』と『春秋』を継承して著されたことを述べる。そののち、結論として、⑦まず「五経」があり、次いで「三史」という「経史」の区分が形成されたとする。すなわち、『尚書』・『春秋』という経書を史書の起源とし、『史記』・『漢書』という正史の始まりをその継承とすることで、「史」を「経」に次ぐものと位置づけるのである。経書を「文」の最高峰とし、「文学」の範疇に経書を組み込むことで、「文学」を儒教の枠組みの中に整序し直した『文心雕龍』の影響の下、劉知幾の『史通』は、経書を史書の起源とすることで、「史」を儒教の枠組みの中に整除した。これこそ『史通』の受けた『文心雕龍』による最も大きな影響である。

史評の実践性

『史通』の特徴とされる史評（しひょう）〔史書への批評〕にも、『文心雕龍』の影響は見られる。劉勰は、『文心雕龍』史伝篇の中で、『戦国策』から『漢書』までの史書について史評を行ったが、『史通』の史評は、これを継承したものである。

劉知幾は、『史通』外篇の冒頭となる史官建置篇で、史官制度の変遷を述べ、それぞれの時代の史官を評価する。続く古今正史篇は、『文心雕龍』の史評を直接継承した篇で、主として編年体・紀伝体で書かれた古今の正史を評価していく。歴代の史書について、自らの視座に基づき批評を加えていく古今正史篇こそ、『史通』の白眉である。中国は、ここに初めて本格的な史学史を得た。

劉知幾は史評を加えながら、正史の書き方を具体的に示していく。列伝篇では、『後漢書』が皇后紀を設けたことを批判し、列伝に留めるべきであったと主張し、また『三国志』が劉備・孫権を列伝としたことを批判する。表暦篇は、表は原則不要であるが、分裂時代には必要であるとする。書志篇は、十五、六種類に及ぶ志の題目に応じて、それぞれの書き方を述べる。論賛篇では、『漢書』の論に『尚書』の風格があると評価し、『後漢書』が論と賛の双方を記すことを批判する。序例篇では、『後漢書』から文学的修辞が行われるようになったことを批判し、また「例」を立てたならばそれを守る必要性を説く。題目篇では、史書の名や篇の名には由来と意義があるべきとし、『後漢書』の題目の付け方を批判する。

このように史評は、史書そのものを批評するだけではなく、自らの主張を具体的に説明するためにも用いられた。理論的に書き方の原則を示すだけではなく、『漢書』や『三国志』の資料操作や収集方法などへの評価を通じて、具体的に史書の著し方を示したのである。そうした史評の実践的な用い方により、後世『史通』は多くの史官たちに読まれていく。史評に基づく実践性こそ、『史通』と『文心雕龍』史伝篇との明確な違いなのである。

正史の書き方

劉勰の『文心雕龍』は、正史の書き方を論ずる中で、人物を明確に描き難いとする紀伝体を取りながらも、そこに編年の要素を加えることを説く。これを承けて劉知幾は、紀の部分は編年により編纂し、君主の血統を明示すべきことを述べる。ただし、史書の体裁については、漢書体と左伝体を尊重するという独自性を示す。自ら史書を執筆した経験が、史書として相応しい体裁への拘りとなったのであろう。そして、制冊・章表書を掲載する部分を本紀・列伝とは別に立てることを提言する。『尚書』が載せる「言」と『春秋』が載せる「事」を同時に表現する正史では、比較的長い制書・上奏文など「言」に当たる部分は、制冊書・章表書としてまとめ、また諷諫の詩などに共に別に掲載すべきとするのである。

また、『史通』断限篇は、史書の記述の範囲を明確にし、前代と重複しないようにすべきとする。編次篇は、正史における本紀・表志・列伝の配列のあり方を論ずる。称謂篇は、名を正すことの重要性を説く。直書篇は、賊臣・逆子・淫君・乱主を直書すべきと述べ、曲筆篇は、史実を曲げることを厳しく批判する。

このように直接的に正史の編纂に関わる記述を行うほか、採撰篇では、史料蒐集の方法と史料の用い方を述べ、異端・小説・逸史を排除すべきと指摘する。載文篇では、史書への詩賦・散文の収録方法を述べ、因習篇は、前史の説の踏襲を避けるべきとし、邑里篇は、地名が時代により異なることに留意を促す。言語篇は、時人の言を書くべきとし、古文を用い、文飾を排除することを説き、浮詞篇は、無駄な言葉の排除を説く。品藻篇は、人物の流品を分ける品藻が史家にとって重要であるとし、模擬篇は、叙述の規範を古典に求める際に、「貌」が異なり「心」が同じものにしたいという。書事篇は、史書に何を書くべきか、人物篇は、どのような人物を載せるべきかを論じ、煩省篇は、繁雑さと簡潔さの規範を示す。これらの篇でも劉知幾は、具体的に史書を批評ながら、自らの主張を実践的に述べている。

史学研究法

このように、劉知幾の『史通』は、紀伝体の編纂方法と史書全般の叙述方法について、史評という方法論により、実践的に史書の著し方を指し示した。史評による実践性こそ『史通』の特徴である。理論的には、劉勰の『文心雕龍』に負うところも多いものの、史局で実際に史書を編纂していた経験に基づいた史評の実践性は、他書の追随を許さない。『史通』の評価すべき点は、西欧史学への近接性などにはなく、こうした実践性にこそある。

『史通』が史実を評価するこれまでの史論とは異なり、史書を評価する史評を方法論として、史学のあり方を示そうとしたことは、自叙篇に次のように述べられている。

『史通』の書というものは、当時の史官（の執筆姿勢）が、すっきりとしていないのを傷み、①その帰すべき根本を明らかにし、その本質的な体系を尽くそうと考えたものである。そもそも②その書は史を主たる対象としたが、その余波の及ぶ所は、上は王道を窮め、下は人倫を述べ、すべてのものを総括している。（揚雄の）『法言』より以降、『文心雕龍』に及ぶまで、すべてを胸中に取り入れ、何の蟠りも感じない。③『史通』の義というのは、（古来の史書に）価値を与え生命を奪い、褒め貶し、鑑誡があり、諷刺がある。④その（議論の）掘り下げは深く、網の目は密である。⑤その評論する所は遠大で、その発明するものは多い。

（『史通』自叙篇）

このように劉知幾による、①史書の帰すべき根本と統一的な体系の提示は、②史書を対象とする史評により行われた。③その結果示された「義」（規範のあり方）は、古来の史書について、価値を変え、生命をも奪い、毀誉褒貶により深い戒めを示すものとなった。その際に、④掘り下げられた議論は深く、広げた編み目は細かい。すなわち、劉知幾は、実際の史書のあり方を史評により具体的に指摘し得たと自覚していた。その結果、『史通』の⑤評論は遠大となり、啓発するところが多くなったというのである。

劉知幾は、史書を自ら著すのではなく、裴松之が行った史料批判でもなく、袁宏たちが示した史論とも異なる、史評という実践的な学問の方法論を取った。また、経書のうち『尚書』と『春秋』を史書の起源に位置づけることにより、史学という学問を経学を継承するものと位置づけた。ここに儒教に従属しながら、権力を正統化する中国的な史学のあり方が確認されたのである。

劉知幾の『史通』は、史書の起源に『尚書』と『春秋』を置き、史学の目的を鑑となり得る勧善懲悪の規範の提示とすることにおいて、劉勰の『文心雕龍』を継承している。ただ、史書の体裁については、漢書体（かんじょたい）と左伝体（さでんたい）を尊重するという独自性を示した。また、劉知幾は、『文心雕龍』の史評を継承、発展させて、中国の史学史を初めて本格的に描いた。その際、『尚書』と『春秋』を史書と把握することは、『史通』の大きな特徴である。ただしそれもまた、『文心雕龍』が「文」の起源を経書に求めることの影響であった。文学を儒教の枠組みの中に整序し直した『文心雕龍』の影響の下、劉知幾の『史通』は、経書を史書の起源とすることで、史学を儒教の枠組みの中に整除したのである。

劉知幾の『史通』は、紀伝体の編纂方法と史書全般の叙述方法について、史評という方法論により、具体的に史書の著し方を示した。史評という実践的な学問の方法論、および史学という学問を経学を継承するものと位置づけた劉知幾の『史通』は、儒教に従属する史学のあり方を確認したのである。

4　劉知幾の史学研究法

史家三長

劉知幾の史学思想は、西欧との対比の中で、その科学性を論じ得るものではなかった。それでは、「古典中国」における史学の展開の中で、劉知幾の史学思想は、どのように位置づけられるのであろうか。劉知幾独自の「直書」の解釈と「異聞」への批判を検討することで、劉知幾の史学思想の特徴を明らかにしていこう。

劉知幾は、理想的な史官として、勧善懲悪を行うために権力者を恐れない直書をした晋の董狐・斉の南史を最上に挙げ、史書を編纂して不朽の大作を著した左丘明・司馬遷を次とし、優れた才能と広い学識で、高い名声を持った周の史佚・楚の倚相をその次とする。すなわち、劉知幾は、権力者におもねらない史官の直書を最も高く評価するのである。

劉知幾が史官の資質を述べたものとして有名な「史家三長」も才・学・識を等価値に並べるものではない。礼部尚書〔学問・儀礼担当大臣〕の鄭惟忠に、史才を持つ者が少ない理由を聞かれた劉知幾は、次のように答えている。

①史家には三長があります。才と学と識です。世にこれを兼ね備える者が罕なので、史官は少ないのです。学があって才がないのは、愚かな商人が金を操つりながら増やせないようなものです。才があっても学がないのは、巧みな匠が道具がなく室を作れないようなものです。②善悪を必ず書き、驕君・賊臣に懼れを抱かせられれば、これに加うべきことはありません。

（『新唐書』劉子玄伝）

このように劉知幾は、①史家三長の「才・学・識」のうち、②善悪を必ず書き、驕君・賊臣に懼れを抱かせること、すなわち直書するための「識」を最も重視している。それでは、劉知幾の尊重する直書とは、どのようなことであろうか。

直書とは隠し諱まないこと

劉知幾は直書篇で、史家の任務は事実を直書して、勧善懲悪を述べて世に勧戒を示すことであると主張する。

①史家の任務は、勧善懲悪を述べて、世に正しい教えを打ち立てることである。そもそも賊臣・逆子・淫君・乱主がおり、②もしその事を直書し、その瑕を掩えば、汚点は一朝に彰はれ、悪名は千年を覆う。直言のこのような力は、恐るべきものである。（直書は）なすべき時に行えば従われ、③なすべきではない時に行えば凶事がおこる。④董狐が法〔原理・原則〕を直書して隠さず、

趙盾が法のために屈伏を甘受したようなことは、両者ともに違うこと無く、これを疑わずに行い、その後に董狐の良き直書は成就し、（趙盾は）名声を今古に擅にした。⑤斉の史官（の太史）は崔杼が（君主を）弑殺したと直書し、司馬遷が（『史記』で）前漢の（武帝の）非を述べ、韋昭が（『呉書』で）孫呉の朝廷を正し、崔浩が（国史で）北魏の諱むべきことを犯すような事例に至っては、身は刑罰に遭い、当時の笑いものとなった。あるいは史書は穴に埋められて、後に伝わらなかった。……このように世の中の多くの危険のために、実録に出遇うことは難しい。

（『史通』直書篇）

劉知幾は、①史家の任務である勧善懲悪のためには、賊臣・逆子・淫君・乱主の行いを②直書する必要がある。ただし、③直書すべきでない時にすれば、凶事がおこるという。直書の危険性を強く意識していると考えてよい。だからこそ、自ら手を下していない趙盾を晋の霊公の弑殺者と直書した④董狐とそれを受け入れた趙盾は、古今に名声を欲しいままにしている、と賛美する。⑤崔杼が君主を弑殺したと直書した太史は、崔氏に殺された。司馬遷・韋昭・崔浩も同様に迫害を受けており、そのため実録に出合うことは難しい、と直書の必要性と難しさを述べているのである。

劉知幾の直書の特徴は、第一に、劉知幾が評価する④董狐の「直書」が、客観的な事実をそのまま書くことではない、ということにある。劉知幾は、『春秋左氏伝』宣公伝二年を典拠に「直書」を概念規定している。そこでは、董狐が命を懸けて「直書」したのは、自ら手を下していない趙盾を晋の霊公の弑殺者と記して、大義名分を正すためであった。すなわち、劉知幾の言う「直書」とは、西欧近代的な客観的な正しさ、あるいは「科学性」を求めるものではない。儒教経典が「かくあるべし」とする「正しさ」を曲がらずに書き記すことなのである。

第二の特徴に、劉知幾の「直書」は、悪を隠し立てしないで書くことと規定されるが、それは儒教経義では、一般的な理解ではないことである。劉知幾の「直書」は、公羊学的な権力者に遠慮をする一般的な直書ではなく、『春秋左氏伝』と杜預の注に基づく、権力者の悪事を諱むことのない「直書」である。『春秋』経は、孔子が「行事」を託した左丘明の左氏伝を俟って、初めて事実を正しく伝え得るとする劉知幾に相応しい主張と言えよう。

これに対して、劉知幾が大きな影響を受けた『文心雕龍』では、信頼できる史書を叙述するためには、「尊賢に隠諱す」べきであると述べられている。これに対して、『春秋左氏伝』には、「賢者の為に諱む」という注記はない。ただし、それが難しく、また儒教経義の中でも例外的な考え方であることは、劉知幾も自覚していた。それが③直書すべきでない時にすれば凶事がおこる、という言葉に現れているのである。

このため劉知幾は、曲筆篇では、自らの定義する直書が難しく、直書をしなくても、儒教に背馳することはないと述べている。それでもなお、劉知幾は『尚書』と『春秋』を批判する理由に、両書が「隠し諱」む書法を持つことを挙げていた。劉知幾が、そこまで自らの「直書」に拘る理由はどこにあるのであろうか。

直書の必要性

長安三（七〇三）年、張易之・張昌宗兄弟が、武則天に魏元忠が謀反していると誣告した際、劉知幾の友人である張説は、官位を餌に偽証を求められた。張説は、告発を虚偽とし、欽州に流罪となるが、このことから後に中宗や玄宗の信頼を得た。劉知幾は、そのとき、張説に事実を述べることを求めたという。たとえ左遷されても事実を述べた張説の事件などを機に、劉知幾は権力者に迎合せず、事実を述べることを直書として重視するようになったのであろう。

したがって、西晉建国の過程で、司馬昭が高貴郷公の曹髦を弑殺したことについて、西晉の史官が諱んで記さなかったことを劉知幾は厳しく批判する。陳寿の『三国志』・王隠の『晉書』・陸機の『晉紀』・虞預の『晉書』は、司馬昭が皇帝（高貴郷公）の曹髦を成済に弑殺させたことを何も記さないと劉知幾は批判する。干宝の『晉紀』がようやく「戈を抽き蹕を犯す（戈を抜き蹕〈天子が外に出る際の道ばらい。天子を象徴〉を侵した）」という表現により、成済による高貴郷公の弑殺を仄めかし、歴代覆われてきた偽りが一朝で雪がれたと劉知幾はいう。高貴郷公を弑殺した成済の背後に司馬昭がいると明記する干宝の記述を直書と認識して高く評価するのである。

ここで注目すべきは、劉知幾が裴松之の史料批判に基づく結論に従わないことである。裴松之は、『三国志』の本文が具体的に記述しない高貴郷公の弑殺について、西晉の干宝『晉紀』以外にも、西晉の郭頒『世語』、西晉の傅暢『晉諸公賛』、東晉の習鑿歯『漢晉春秋』、東晉の孫盛『魏氏春秋』、作者未詳の『魏末伝』の記事を「異聞」として引用したうえで、「『漢晉春秋』は、最も遅れて成立したものですが、この事件の叙述は、ほぼ筋道が立っております。そのためまず習鑿歯の文章を載せ、その他で記録にいささかの相違があるものを次に掲げます」と述べている。

しかし、劉知幾はこれに従わない。史学にとって事実を記すことが最も重要であり、時代が近い場合には直書するのが難しいことを劉知幾も認めている以上、事実に近づく合理的な方法は、裴松之のように「異聞」を可能な限り集め、それを相互に比較して、事実に近づいていくことである。なぜ、劉知幾は、先行する裴松之の方法論に従わず、いたずらに「直書」を求め続けたのであろうか。

異聞の否定

劉知幾は、『史通』補注篇の中で、史書への注を四種に分け、経書の注を継承する訓詁の注を最も高く評価する。その一方で、人物の雑記に注をつけたもの、史家の自注は評価しない。さらに異聞を広める注は、わざわざ裴松之の名を出して厳しく批判している。

裴松之の注は、異聞を集めることを喜ぶだけで、陳寿の本文や異聞そのものを削り正すことはなく、異聞が本文を攻撃するままにした。あたかも、蜜蜂が集めてきた蜜を甘いものと苦いものに分けられないように、相応しい書籍とそうでない書籍とを同じように雑然と扱っている。すなわち、劉知幾は、裴松之の史料批判という方法論を全面的に否定しているのではなく、裴松之が「異聞」として集めた書籍の中に、相応しくない書籍があると批判しているのである。

劉知幾が求めたのは、班彪が「異聞」を貫くことで、『史記』の得失をよく調べて誤りを正したように、本文を正し得る書籍で正し、誤った書籍は引用せずに、得失を明瞭にすることであった。それでは、本文を正し得る「異聞」に相応しい書籍、あるいは引用すべきではない正しくない書籍とは、具体的にはどのようなものであろうか。

劉知幾の「異聞」に対する態度は、「経」であるか「不経」であるかにより、同様の内容であっても前者は許容され、後者は排除すべきものとする、というものであった。裴松之の『三国志』注が劉知幾に批判されるのは、裴松之の集めた「異聞」の中に、排除すべき「不経」のものが多かったことによる。先に掲げた事例で言えば、西晉の干宝『晉紀』・西晉の郭頒『世語』・西晉の傅暢『晉諸公賛』・東晉の習鑿歯『漢晉春秋』・東晉の孫盛『魏氏春秋』・作者未詳の『魏末伝』の中で、『史記』・『漢書』・『三国志』の「三史」に準ずるものは、編年体ではあるが「国史」として編纂された干宝の『晉紀』しかない。このため、劉知幾は内容的に優れ、裴松之が信頼する習鑿歯の『漢晉春秋』ではなく、干宝の『晉紀』に基づいて高貴郷公殺害事件を理解したのである。

史書の始まりに、経の『尚書』と『春秋』を置くことで、史を儒教の中に位置づけた劉知幾は、「不経」なものを史書から「異聞」として排除した。唐が「五経正義」で公認した経、あるいは唐が正史やそれに準ずる古史と認定した史書に、「不経」以外の範囲を狭めたのである。裴松之の史料批判が持っていた、民間の史料をも「異聞」として集め、国家権力の圧力のもと歪められた史料と共に検討して、事実に近づこうとする史料批判の方法論の可能性を自ら封じ込めたと言い換えてよい。その結果、劉知幾は、自らも不可能と認める「直書」をいたずらに主張し、それを実現できない史書を史評により批判した。劉知幾が史局を追われ、『史通』が長らく中国史学を代表する書籍とされなかったのは、こうした劉知幾の史学思想の特徴によるのである。

劉知幾の史学思想

劉知幾が『史通』に表現した史学思想は、「直書」の重視と「異聞」の排除を特徴とする。劉知幾の「直書」は、公羊学のように権力者に配慮しながら行う直書ではなく、『春秋左氏伝』と杜預注に基づく、権力者の悪事を諱むことのない「直書」であった。劉知幾は、『春秋』を「史」の淵源とし、『春秋』経は、孔子が「行事」を託した左丘明の「左氏伝」を俟って初めて事実を正しく伝え得たと考えるためである。ただし、そうした「直書」が難しく、また儒教経義の中でも例外的な考え方であることは、劉知幾も自覚していた。それでも、「直書」を重視したのは、裴松之の確立した「異聞」による史料批判の取材範囲を自ら狭めたことによる。

劉知幾は、隋には発行を禁止されていた「緯書」に基づく思想を経書や史書に記される限りにおいて、排除すべき「異聞」とは見なさない。それに対して、唐が「五経正義」で公認した経と正史や古史と認定した史書以外の「異聞」は「不経」として、厳しく批判する。劉知幾もかつて係わり、太宗の御撰した『晉書』を正史に拘らず厳しく批判するのは、その種本が『世説新語』などの「不経」の「異聞」に基づくためである。

こうして劉知幾は、裴松之の史料批判が持っていた民間の史料をも「異聞」として集め、国家権力の圧力のもと歪められた史料を批判して、事実に近づこうとする史料批判の方法論の可能性を自ら封じ込めた。ランケによって提唱される近代西欧史学とは、遠く離れた史学思想と言えよう。

終　章　中国史学の展開と儒教

十七史序
明太祖命宋濂等撰元史成合
二十一史刊布天下成祖遷都
北平詔重刊於是有南北板之
分其後二百餘年以時修補煌
煌哉經國之書也但板藏國雍

『十七史』（明・汲古閣本） 『史記』、『漢書』、『後漢書』、『三国志』、『晋書』、『宋書』、『南斉書』、『梁書』、『陳書』、『魏書』、『北斉書』、『周書』、『南史』、『北史』、『隋書』、『新唐書』、『新五代史（五代史記）』の正史十七冊を十七史と総称する。

正統論の担い手

中国における国家の正統性に関する議論は、「正統論」と総称される。正統論は、鄒衍の五徳終始説と『春秋公羊伝』の二者を根拠とし、前者は唐の王勃により「正」「閏」が定められ、後者は北宋の欧陽脩により「居正」・「一統」の二義を持つに至った。

「古典中国」を形成しながら、自らの存立を賭けて正統論と最初に向き合った王莽は、『春秋左氏伝』を論拠とする劉歆の説に基づき、漢を火徳で堯の子孫とし、自らを土徳で舜の子孫とすることにより漢新革命を正統化した。「古典中国」は、王莽を打倒した後漢の章帝期に成立する。「古典中国」の統治制度の大原則は、『春秋公羊伝』隠公元年に記された春秋の義である「大一統」〔統一を尊重する〕に求められる。統一を保つための手段は、「郡県」〔中央集権〕と「封建」〔やがて地方自治〕として対照的に語られ、その障害である私的な土地の集積に対しては「井田」〔土地均分〕の理想が準備される。また、「古典中国」の世界観・天下観である華夷思想は、『春秋公羊伝』成公十五年の「中華を内にして夷狄を外にする」という春秋の義により規定される。このように「古典中国」における国家の正統性は、春秋学を中心とする儒教により担われてきたのである。

「正統論」を本格的に開始した北宋の欧陽脩が、その典拠を『春秋公羊伝』の「君子は正に居るを大ぶ」（隠公三年）と「王者は一統を大ぶ」（隠公元年）に求めたことは偶然ではない。欧陽脩の「正統論」の定義は、これら春秋学の範囲を大きく出るものではない。しかも、欧陽脩は、自らを史官ではないという。それでも、その正統論を展開したものは、『新五代史』など、のちに正史と認定される史書であった。

正統論は、唐宋変革を機に、経学〔儒教〕から史学へとその担い手を大きく変えていくのである。それを可能としたのは、漢から唐までの「古典中国」における史学の展開であった。すでに述べてきたことではあるが、簡単に確認しよう。

史学の展開

国家の正統性に正面から向き合った史書は、西晉の陳寿の『三国志』であった。陳寿は、形式としては魏書のみに本紀を設け、劉備や孫権を列伝に記すことで、三国の中で曹魏が正統であることを示した。しかし、三国の歴史を「魏書」として集約しなかったように、陳寿は、『三国志』の中に二つの正統を組み込んだ。後漢の正統を継ぐ季漢、季漢の正統を継ぐ曹魏である。蜀学に伝わる「益州に天子の気あり」・「漢に代はる者は当塗高」という二つの讖文は、後漢→季漢→曹魏という正統の継承を主張することで、その正しさを証明できるためである。このため陳寿は、劉備の死去を「殂」という堯の死を表現する言葉で記すなどの「春秋の筆法」を用いて、『三国志』の中に季漢の正統を潜めた。ここでは、正統の基準は、蜀学という儒教に置かれている。

東晉の習鑿歯は、『漢晉春秋』で西晉の正統を漢からの継承に求める中で、正統を「正」と「統」に分けた。「正」は、禅譲・放伐などの易姓革命を終始五徳説により位置づけるもので、「統」は、中国の統一、春秋公羊学の「大一統」の「統」であった。欧陽脩とは「正」の意義づけが異なる。習鑿歯は、統一国家の存在しない三国時代には、「正」と「統」を両立する国家はなく、それ以前に正統であった「漢」の正統は、漢の滅亡後、中国を統一し得た「晉」へと継承される。そうであれば、三国の中では、漢を継承している蜀漢こそ「正」となるとしたのである。

唐は、国家による史書の編纂を組織的に推し進めた。太宗の命で編纂が開始された『晉書』は、太宗自ら編纂の意図を詔で述べている。太宗は、「修晉書詔」の中で、皇帝権力が著させる正史により、勧善懲悪のための基準を示すことを執筆目的として掲げる。後世への鑑として示される史書の善悪の基準を皇帝が掌握するためである。ここには、皇帝権力が、儒教と異なる価値としての史学を宣揚する一方で、「史」という文化的価値を収斂した姿を見ることができる。したがって『晉書』は、太宗が自ら著した巻一の史論において、晉の正統性を否定してまで、太宗の正統性を述べる。正史とは、編纂した国家の正統性を以前の国家の歴史を鑑として論ずる史書である。ここに、国家の正統性を儒教経義ではなく、史書により実証することが可能となった。国家の正統性の担い手は、経学から史学へと移動したのである。

唐の太宗が国家事業として始めた正史の編纂を尊重して、『隋書』経籍志は、杜預の『春秋左氏経伝集解』後序の影響の下、本来の史書の体裁を編年体と考えながらも、編年体を古史として、紀伝体・断代史を原則とする正史の次に位置づけた。『史記』を起源とする紀伝体とあわせ、『漢書』のように断代史として国ごとに歴史を描く正史の体裁の基本がここに定まった。十世紀以後、国家により公認された特定の史書に正史の名を冠することが確立され、やがて司馬遷の『史記』に始まり、欧陽脩の『五代史記』に至る十七種の紀伝体の史書が「十七史」と称されていく。中国国家の存立の正統性を示すために、前の国家の歴史を後の国家が編纂するという、唐代に『晉書』で成立した正史の考え方は、こうして確立する。「古典中国」におけるこのような史学の展開が、正統論の担い手を経学から史学へと変えていったのである。それでは、「十七史」の悼尾を飾る『五代史記』を著した欧陽脩は、どのような正統論を展開したのであろうか。

欧陽脩の正統論

欧陽脩の正統論は、私撰の『五代史記（新五代史）』編纂と共に展開された。欧陽脩は、晩年、一度世に出た正統論を改訂している。両者の違いは、正統の条件の変更と当初正統としていた曹魏と五代を正統から外したことにある。

欧陽脩が正統論を著した理由は、正史の『五代史（旧五代史）』に示された正統のあり方と、宋を火徳とする五徳終始説との矛盾を是正することにあり、それが欧陽脩の『五代史記』執筆の問題意識である。薛居正が編纂した『五代史』は、後梁に本紀を設けて正統とすることに対して、李昉らの年号編纂と崇天暦は後唐が後梁を偽朝として排除したことを継承し、宋を火徳とする立場から編纂されている。こうした矛盾を解決するため、欧陽脩は「正統」を概念として定義し、歴代国家をすべて視座に入れ、それぞれの正統を判断していく。

（『春秋公羊』）伝に、「①君子は正に居るを大ぶ」とある。また、「②王者は一統を大ぶ」とある。正というものは、天下の正ではないものを正すためのものである。統というものは、天下の一つではないものを合わせるためのものである。正ではないものと一つではないもののため、正統論が起こった。……（漢では）ただ（五徳終始説では）火徳であり（三統説では）天統にあたるといった。ひどい者は、蛇や龍の妖祥を引いて、（正統性の）証明とするに至った。王莽・魏・晉に至っても、ただ③五行相勝説を用いるだけであった。ゆえに昧者［おろか者］の論というのである。
（『居士外集』原正統論）

欧陽脩は、このように『春秋公羊伝』隠公三年の①「君子大居正」と隠公元年の②「王者大一統」により、「正統」を定義する。習鑿歯が、「統」の典拠を隠公元年の「王者大一統」に求めながらも、「正」の典拠を『春秋』に求めなかったのは、「正」は③「五行相勝」などの五徳終始説により定めることが、劉歆以来、定まっていたからである。欧陽脩は、それを③「昧者の論」であるという。ここに、「古典中国」における国家の正統化理論の中心を占めていた五徳終始説は否定され、新たなる「正統論」が打ち出されたのである。

さらに、欧陽脩が経学の議論を土台としながらも、あくまでそれを史学の問題としていることに、注目すべきである。正統の定義は、経書の『春秋公羊伝』に基づいているのである。それにも拘らず経学ではなく、史学で正統論を論ずるのは、正統論そのものが、『五代史』という正史への疑問から始まったことによろう。換言すれば、正統とは、正史によって論ぜられるものであることを前提とした議論であることに注目したい。唐代に成立した国家の正統性を正史で定めるという史学のあり方が、正統論の担い手を経学から史学へと移させたのである。「古典中国」では、正統論は経学の中心で、鄭玄の六天説なども、易姓革命の正統性を証明するために構築されていた。これに対して、「近世中国」では、正統論は史学を担い手とするのである。

正統論の変更

それでは、欧陽脩が、曹魏と五代の正統を変更した理由も、史学との関わりの中で、理解できるのであろうか。曹魏と五代の正統に関わる言説について、後に削除される部分を（　）、加えられる部分を〔　〕で示しながら、掲げてみよう。

①天下の正におり、天下を一つに合わせた国家は、正統である。〔堯・舜・三代・秦・漢・晋・唐がこれである。〕②（天下を一つにできなくとも、天下の正におれば、なお天下は正されて一つになるべきだとする。これを正統と呼んでもよい。）③始めは正におらずとも、よく天下を一に合わせたものは、……正統と呼んでよい。〔晋・隋がこれである。〕……不幸にも④（国家が）両立して、互いに兼併できず、ともに正で、義も均しければ、正統をどちらにも与えられない。〔東晋・北魏がこれである。〕あるいは⑤終始の正におらず、また天下を一つに合わせられなければ、正統と呼ぶことはできない。〔曹魏と五代はこれである。〕そうであれば、不幸にしてその時にあたれば、正統は⑥時とし

て絶えることもある。

（『居士集』正統論下）

欧陽脩によれば、①正と統〔天下を一つに合わせる〕を両全するものは正統であり、尭・舜・三代〔夏・殷・周〕・秦・漢・晋（西晋）・唐がこれに当たる。また、欧陽脩は、②統を欠くものも正に居れば、正統と呼んでよい、と初めの段階では述べていた。しかし、後に世に問うた「正統論」では、ここを削除している。②に当たるものは、「東周・曹魏・五代」である。

欧陽脩は、③当初は正に居らずとも統を実現したものは、正統と呼んでよい、とする。晋（西晋）・隋がこれである。一方で、④国家が両立して共に正であれば、正統をどちらにも与えることはできない。東晋・北魏がこれである。また、⑤最後まで正に居らず、統を実現できないものは、正統とは言えないとする。欧陽脩は、後に世に問う「正統論」では、曹魏と五代がこれに当たると明示する。なお、五徳終始説では常に正統が続くことに対して、⑥正統が絶える時代〔無統〕を設定することも、欧陽脩の正統論の特徴である。

このように欧陽脩の正統論では、②統を欠くものの正に居れば、正統と呼んでもよいとされていた東周・曹魏・五代のうち、曹魏と五代が、②という分類を消されたうえで、⑤正でもなく統をも実現できないので、正統とは呼べない、に変更されているのである。

最初の論でも欧陽脩は、曹魏のあり方が倫理的・道徳的に正しいことで、曹魏を正統としていたわけではない。曹魏が正統の漢を継承し、正統の晋へと差し渡しをしたので、これを「正」としていただけにすぎない。史書を著すには、曹魏と後梁を正統とした方が、都合がよく、事実、当初はそうしていた。それにも拘らず、なぜ欧陽脩は、曹魏と五代の正統を撤回したのであろうか。それを考える前に、欧陽脩の正統論をめぐって交わされた議論を検討しておこう。

正統論への反応

欧陽脩の「正統論」に対して、欧陽脩に嘱望されていた章望之は「明統論」を著して、これを批判した。章望之は、「功徳」の有無によって「統」を「正統」と「霸統」に分類する。尭・舜・三代と漢・唐・宋が「正統」であることに対して、秦・晋・隋は、「統」ではあっても「功徳」を備えない「霸統」である、と貶める。したがって、章望之は、地理的な統一をも達成できていない曹魏や後梁ですら正統と呼び得るとした欧陽脩の「正統論」を批判し、「霸統」の中でも、「功徳」の無さが際立つ秦を正統とすることは善くないという。

章望之は、正統を論ずることが「治乱」に役立つべきである、と述べたあとで、曹魏と後梁を正統に進めることは、「善悪を別つこと」が無くなる、と厳しく批判する。史学を支える春秋学の目的は勧善懲悪にある。曹魏と後梁を正統にすることはそれに反している、と欧陽脩の正統論を批判したのである。

こうした章望之の議論に対して、蘇軾〔蘇東坡〕は至和二（一〇五五）年、「正統論」を著し、正統とは「名」にすぎないとして、欧陽脩を支持し、曹魏と五代を正統とした。道徳性の有無などの

「実」の問題と、正統論とを切り離そうとしたのである。その理由は、章望之が述べる「正」の相対性に求められる。

蘇軾は、正統に道徳などの「正」の価値基準を導入する章望之に対して、「一身の正」は天下の「私正」にすぎないとする。これに対して、天下の「公正」とは、「天下に君有る」ことであるとする。こうして蘇軾は、正統とは、天下の統一性を天子により表現したものであることを明確に示したのである。

しかし、問題はそれほど抽象的には解決しなかった。具体的に史書を編纂していた司馬光は、蘇軾に比較すると、正統の定め方に留保がある。治平四（一〇六七）年から熙寧三（一〇七〇）年の間に進呈された『資治通鑑』魏紀において、司馬光は劉備が即位した際の論賛で正統について、概略すると次のような見解を示している。

司馬光は、正統論において、「統」を尊重する。天下を「一統」しない者は、天子の「実」がなく、その中の一国を正統とは呼べない。一方、「正」についても、蘇軾と同様に、その相対性を指摘する。「祖先から継承した者」、「中原を支配する者」、「道徳のある者」であれば「正」足り得るわけではない。なかでも、章望之が重視していた道徳により「正」を定めることについては、その無効を念入りに説明する。その際「臣が正統を論ずるのは、善悪得失の「勧戒」とするためであり、『春秋公羊伝』の言う「撥乱反正」（乱をおさめて正に戻す）のためではない」、と主張していることは重要である。司馬光にとっても、正統論は史学で論ずべきことであり、それがいかに『春秋』の影響下にあろうとも、春秋公羊学が主張するような「撥乱反正」は史学では行わない。司馬光もまた、史学と経学の役割分担を明確に認識しているのである。

そして、「正統・閏統（じゅんとう）」については、あえて知る所ではない」と留保したうえで、「功業の実」体に依拠しながら、周・秦・漢・晉・隋・唐を「天子の制」を有するもの、すなわち欧陽脩らの言う「正統」であるとする。その基準は、「祖宗（そそう）の業」〔祖先の興業〕を承け、「紹復（しょうふく）の望」〔国家を継続して欲しいとする願い〕があり、争う者も「その故（もと）の臣」であったことに求められる。「正」を考慮しないことは、蘇軾と同じである。

だが、蘇軾ほど観念的でないのは、歳・時・月・日が無ければ、編年体として「事」の先後を記すことができないので、曹魏・南朝（なんちょう）〔宋・斉・梁・陳〕・五代〔後梁・後唐・後晉・後漢・後周〕の年号を取り、それによって『資治通鑑』の執筆を行ったためである。それでも、あくまでそれは「正閏（せいじゅん）」を弁ずるわけではない、と繰り返すことに、司馬光の正統論への慎重な態度を見ることができよう。のちに朱熹に批判される、三国時代を曹魏の年号で記すことについては、劉備がその祖先と主張する中山靖王劉勝（ちゅうざんせいおうりゅうしょう）からの「世数・名位」を辿（たど）ることができない、という理由を掲げている。

欧陽脩の志

このように、欧陽脩の当初の正統論に対して、章望之（しょうぼうし）は「正」のあり方を道徳的に求める観点から、曹魏と後梁を正統に進められないと批判した。だが蘇軾（そしょく）は、章望之の「正」の相対性を明瞭にし、「統」を実現した国家はいずれも正統であると反論した。司馬光も「正閏」を弁ずるわけではないと断りながらも、『資治通鑑』に曹魏・五代の年号を用いている。それにも拘らず、欧陽脩は、これらの説の後に提示した新たな「正統論」において、曹魏と五代を正統から排除する。

それは、『五代史記』を執筆して、五代という時代の「悪」を描く中で、それを「正」と認めるのを嫌悪したことによろう。史書を著すという史学の本質が、経学から抽出される観念を打ち破ったのである。欧陽脩の正統論は、あくまで史学で展開される議論であった。子である欧陽発は、『五代史記』を執筆した際の欧陽脩について、次のように述べている。

> 父は五代史に、最も心を留め、善悪を褒貶する際に、法〔原則〕を立てることが精密であった。論を始めるには必ず「嗚呼」から始め、「これは乱世の書である」と言った。その論には、「むかし孔子は春秋を作り、乱世に依拠して治法を立てた。余は本紀を述べるのに、治法に依拠して乱君を正した」という。これはその志である。
>
> （『欧陽脩全集』先公事迹）

欧陽脩は、『五代史記』を「乱世の書」と認識して、論を「嗚呼」から始めた。そして、その「志」は、孔子がかつて『春秋』を制作し、「乱世」に「治法」を立てたように、「治法」により「乱君」を正すことにあった。『五代史記』の執筆を通じて、五代などの「乱世」を勧善懲悪の立場から正す必要を認識した欧陽脩は、かつて正統とした曹魏と五代を正統より外し、自らの志を明らかにしたのである。

朱熹の正統論

北宋における正統論の展開を受けた南宋の朱熹は、『資治通鑑綱目』を中心に自らの正統論を提示する。その際、朱熹は、自らの道統論と合わせて正統論を主張した。道統論とは、朱熹が描く思想史であり、堯より孔子・曾子・子思・孟子に至る道統〔教えの道筋〕と、周敦頤・二程〔程顥・程頤〕と自己を直結する道統との二つが結びついて成立する。その際、堯から周の文王・武王までは、王者が同時に道の伝授の担い手である。すなわち、道統と正統とは重なっている。これに対して、孔子は王位に就いていないので、孔子には道統のみが委ねられている。

土田健次郎『朱熹の思想体系』（汲古書院、二〇一九年）は、これを道統が政権問題と独立したことにより、為政者に限らず万人が儒教の道に直接参与する機会が開かれた、と評する。一方で、それは、道統論が国家の正統とは無関係にも展開できることを意味する。それではなぜ、朱熹は道統論と共に正統論を提示したのであろうか。

朱熹の道統論が正統論を必要とするのは、道学が皇帝に直接「帝王学」を提供することを重視したためである。すべての人間が聖人になれると言いながら、皇帝を啓蒙して心の問題こそが「平天下」への基礎であると説くのは、皇帝が聖人ではないことを前提とする。そのとき、それではなぜ皇帝は天下に君臨できるのか。ここに、皇帝が皇帝足り得る根拠として、正統な君主であることが前提される。道統論に正統論が必要とされる理由である。

朱熹の正統論は、最も端的には『資治通鑑綱目』の「凡例」に示される。そこでは、正統とは、周・秦・漢・晉・隋・唐のように天下を統一し、二代以上続けばよい、と定義される。その際に、正・不正は、正統とは別の問題であるとする。蘇軾や司馬光の考え方と同じである。さらに、後に正統を得る「正統の始」、正統を失った後の「正統の余」という規定を示したのち、「統無き時」は、正統とできないとする。

こうした正統論に基づき、朱熹は蜀漢を「正統の余」であると認め、『資治通鑑綱目』では、司馬光の『資治通鑑』が曹魏の年号を用いて三国時代を記述することを否定して、蜀漢の年号を用いた。『朱子語類』にも、それを裏付ける朱熹の言葉が記録されている。

> 温公〔司馬光〕の『資治通鑑』は、曹魏を主としている。このため蜀漢の丞相である諸葛亮がどこそこの地を寇すと書いてある。魏志に従う、その理はすべて誤りである。某が作る『資治通鑑綱目』は蜀漢を主とした。
>
> （『朱子語類』論自注書）

朱熹は、このように司馬光の『資治通鑑』が、曹魏を主とすることを批判し、『資治通鑑綱目』は蜀漢を主としたという。さらに、蜀漢の主であることを示すのが、『資治通鑑綱目』の執筆目的であったとの記述も残る。

『資治通鑑綱目』の主意をお尋ねした。（朱子は）「主は正統にある」と言った。「どうして主は正統に在るのでしょう」とお尋ねした。「三国は蜀漢を正となすべきである。しかし温公（司馬光）はなんと、「某年某月、諸葛亮が入寇した」と書いている。これは冠（かんむり）と履（くつ）を逆さまに着けるようなもので、どうして①訓（おしえ）を示せようか。②これによりやる気を出して書を完成させようと思ったのである。

（『朱子語類』論自注書）

朱熹はこのように、蜀漢は、三国の「正」であるので、諸葛亮が「入寇」するという記事の『資治通鑑』では①「訓（おしえ）」を示すことできない。そこで、②『資治通鑑綱目』を完成させようと思ったと述べているのである。

朱熹は、司馬光の『資治通鑑』の正閏（せいじゅん）、中でも三国時代に曹魏を正統とすることを批判し、漢という「正統の余」である蜀漢の正統性を示すために、『資治通鑑綱目』を著したのである。

朱熹の正統論への向き合い方

朱熹の正統論は、土田健次郎の言葉を借りれば、「驚くほど割り切った乾いた内容」である。正統論をさして重要視しないのは、朱熹だけではない。弟子たちが編纂した『朱子語類』も、『資治通鑑綱目』を朱熹が語る言葉は、わずか七条しか収録しない。正統論は、朱子学の中心課題ではない。

もちろん、朱熹が『資治通鑑綱目』をなおざりにしたわけではない。前掲した諸葛亮の「入寇」という『資治通鑑』の表現への批判のように、個人の評価については、厳格に「春秋の筆法」を用いて『資治通鑑綱目』を著している。たとえば、「劇秦美新」を著して、王莽を正統化した揚雄への書き換えは有名である。『資治通鑑綱目』は、『資治通鑑』では「揚雄 卒す」とある表現を「莽の大夫たる揚雄 死す」と書き改めて、揚雄が漢に忠を尽くさず、王莽に媚びたことを貶めている。

朱熹は、国家の「正」「不正」よりも、人のあり方の「正」「不正」を「春秋の筆法」を用いて描こうとした。国家の正統性は、正史が定めることとである。すべての人間が聖人を目指し、皇帝に直接「帝王学」を提供することを重視する朱子学では、正統論は、『資治通鑑綱目』という編年体の史書の年号を定めることが主目的のような扱いとなっていた。

もちろん、揚雄を貶めるために「春秋の筆法」が用いられたように、歴史が鑑であり、『春秋』が規範である、という史学のあり方は、朱子学においても変わらなかった。朱子学でも、国家の正統を表現することこそ、史学の本道であった。だが、正統は、中国が統一され、諸侯が従い、法が施行されるという事実によって定まるものであって、人としてのあり方の正しさとは連動しない。こうした朱熹の理解により、「近世中国」の正統論は、史学が担うことと定まったのである。

正史の成立と正統論の展開

「古典中国」における史学の展開は、『史記』・『漢書』の初めから問題としてきた正統に対して、『三国志』より本格的に向き合い、「正」と「統」を分離する『漢晋春秋』などの成果を生み出した。唐になって「史」という文化的価値が国家のもとに収斂されたことに伴い、編纂する国家の正統性を正史によって表現することが定まった。

北宋の欧陽脩は、そうした「古典中国」における史学の展開を受けて、自らを史家ではないと自認しながらも、正統論を『五代史記』に表現した。その際、「古典中国」における正統理論の中核にあった五徳終始説を否定したことは、正統論の担い手が経学から史学へ移行したことを象徴する。欧陽脩への章望之の反論、章望之への蘇軾の反論、正統論を横睨みにしながらの司馬光の正閏論などを受けて、南宋の朱熹は、『資治通鑑綱目』において正統を表現した。ただし、その正統の定義が天下を統一して二代以上続くこととされ、そこに善悪の価値観が含まれなかったように、正統論は朱子学において中核の地位を占めることはなかった。「近世中国」における正統論は、正史を中心に史学が担っていくのである。

さらに深く知りたい人のために

訳書　中国正史で全訳があるものは、前四史だけである。

・小竹文夫・小竹武夫（訳）『史記』（筑摩書房、一九六二年、ちくま学芸文庫、九五年）

『史記』の全訳。文庫本になって入手しやすくなった。

・小竹武夫（訳）『漢書』（筑摩書房、一九七七～七九年、ちくま学芸文庫、九七～九八年）

『漢書』の全訳。文庫本になって入手しやすくなった。

・渡邉義浩（主編）『全訳後漢書』（汲古書院、二〇〇一～一六年、全十九冊）

『後漢書』の全訳。李賢注・志・劉昭注まで訳している。早稲田大学出版部より、文庫版を刊行する予定である。なお、ほぼ同時期に出版された優れた訓注本として、吉川忠夫（訓注）『後漢書』（岩波書店、二〇〇一～〇七年）がある。

・渡邉義浩（主編）『全訳三国志』（汲古書院、二〇一九年～、全八冊予定）

『三国志』の全訳。本文の校勘・訓読・補注・現代語訳からなる。なお、すでに『三国志』の現代語訳としては、今鷹真・井波律子・小南一郎『正史三国志』（筑摩書房、一九八二～八九年、ちくま学芸文庫、一九九二～九三年）がある。

一般書

・宮崎市定『史記を語る』（岩波新書、一九七九年）
歴史書としての『史記』の特徴を語る概説書。『史記』成立の仮説などは否定されているが、博学の著者が『史記』の魅力を語る今なお価値のある概説書。

・川合康三『中国の自伝文学』（創文社、一九九六年）
唐代文学を専門とする著者が、自伝文学の一つとして『史記』に言及する。垓下の歌をアリアとする解釈は、文学者ならではの感性に基づく。

・渡邉義浩『魏志倭人伝の謎を説く』（中公新書、二〇一二年）
『三国志』の思想性から魏志倭人伝の理念と事実を腑分けした本。

・渡邉義浩『儒教と中国「二千年の正統思想」の起源』（講談社選書メチエ、二〇一〇年）
本書と同じ時代の儒教の展開を説明した本。

・渡邉義浩『三国志 英雄たちと文学』（人文書院、二〇一五年）
本書は「古典中国」における儒教からの史学の自立を扱っているが、同様に文学も儒教に従属していた。それが自立を始める三国時代の文学と儒教との関係を論じている。

・渡邉義浩『『論語』孔子の言葉はいかにつくられたのか』（講談社選書メチエ、二〇二一年）
本書と同じく、唐までの歴史の中で、『論語』がどのように注を付けられ、読まれたかを論じる。正義に代表される経学的な注の付け方は、この本を参照されたい。

研究書

本書は、二〇二二年に、『「古典中国」における史学と儒教』として汲古書院より出版を予定している研究書に収めた二十八本の論文に基づいている。この本の基本となる諸研究については、そちらを参照されたい。ここには、本書で直接名を挙げた研究書と渡邉義浩の研究書だけを掲げておく。

・佐藤武敏『司馬遷の研究』（汲古書院、一九九七年）
・福井重雅『漢代儒教の史的研究』（汲古書院、二〇〇五年）
・加賀栄治『中国古典解釈史』魏晉篇（勁草書房、一九六四年）
・内藤湖南『支那史学史』（弘文堂、一九四九年、『内藤湖南全集』第十一巻、筑摩書房、七〇年所収）
・梁啓超『中国歴史研究法』（商務印書館、一九二二年、『飲冰室合集』第十巻、中華書局、八九年に所収）
・稲葉一郎『中国史学史の研究』（京都大学学術出版会、二〇〇六年）
・福井重雅『漢代儒教の史的研究』（汲古書院、二〇〇五年）
・土田健次郎『朱熹の思想体系』（汲古書院、二〇一九年）
・渡邉義浩『後漢国家の支配と儒教』（雄山閣出版、一九九五年）
・渡邉義浩『三国政権の構造と「名士」』（汲古書院、二〇〇四年、増補版は二一年）
・渡邉義浩『後漢における「儒教国家」の成立』（汲古書院、二〇〇九年）
・渡邉義浩『西晉「儒教国家」と貴族制』（汲古書院、二〇一〇年）

・渡邉義浩『「古典中国」における文学と儒教』（汲古書院、二〇一五年）
・渡邉義浩『三国志よりみた邪馬台国』（汲古書院、二〇一六年）
・渡邉義浩『「古典中国」における小説と儒教』（汲古書院、二〇一七年）
・渡邉義浩『「古典中国」の形成と王莽』（汲古書院、二〇一九年）
・渡邉義浩『「論語」の形成と古注の展開』（汲古書院、二〇二一年）

あとがき

昨年、オンラインの授業をしながら、そのレジュメをもとに著した『『論語』孔子の言葉はいかにつくられたのか』（講談社選書メチエ、二〇二一年）は、かなり難しい本になった。内容がもともと難しいのも、その理由であるが、何よりもオンラインでは、聞き手の反応が分からず、自分本意に書きたいことを書いたことによる。これに対して、本書は、対面授業をしながら、そのレジュメをまとめた。本書もふつう歴史書と考えられている『史記』や『漢書』を思想書として捉えるというとっつきにくい内容であるが、少しでも読みやすくなったとすれば、久しぶりの対面授業に、目を輝かせながら聞いてくれた学生たちのお陰である。コロナ禍は、授業を聞いてくれる人がいる、という、わたしには当たり前だったことが、実はきわめて恵まれた環境であったことを自覚させてくれた。目の前で聞いてくれた学生たちと同じように、読者の皆様に内容が伝わっていくことを願っている。

中国における「史」は、西欧で展開する近代歴史学とは異なる独自の目的・内容・範囲を持ち、儒教との関わりの中で展開された。本書は、西欧の近代歴史学との共通点を拾い集め、それを中国史学史とするのではなく、中国における「史」の展開をその独自性を構築した主要な原因である儒教との関わりの中で論じたものである。

本書は、大学の理事として、取締役を務める早稲田大学出版部が出版した。早稲田大学出版部は、日本最初の大学出版部であり、津田左右吉も学んだ「早稲田講義録」という早稲田の正規生に編入できる通信教育を担うことで、早稲田の在野性を育んできた母体でもある。

編集長の谷俊宏さんには、生硬な原稿を読んでもらい、分かりにくい部分について指摘していただいた。また、副総長の須賀晃一社長には、出版部から本を出してほしいと常に叱咤激励をいただいた。そして、授業を熱心に聞いてくれた文化構想学部多元文化論系の諸君、校正をしていただいた吉村詠子（よしむらうたこ）さんに深謝を捧げるものである。

二〇二一年八月　緊急事態宣言下の早稲田の杜（もり）にて

渡邉　義浩

渡邉 義浩（わたなべ・よしひろ）

中国史学者。早稲田大学理事・文学学術院教授。1962年生まれ。東京都出身。文学博士。専攻は「古典中国」学。主な著書に『後漢国家の支配と儒教』（雄山閣出版）『三国政権の構造と「名士」』（汲古書院）『後漢における「儒教国家」の成立』（同）『西晉「儒教国家」と貴族制』（同）『「古典中国」における文学と儒教』（同）『三国志よりみた邪馬台国』（同）『「三国志」の政治と思想』（講談社選書メチエ）『儒教と中国―「二千年の正統思想」の起源』（同）『三国志の女性たち』（山川出版社）『三国志の舞台』（同）『関羽―神になった「三国志」の英雄』（筑摩選書）『三国志―演義から正史、そして史実へ』（中公新書）など多数。

早稲田選書

中国における正史の形成と儒教

2021年12月21日　第一刷発行
2022年２月28日　第二刷発行

著　者…………………渡邉 義浩
発行者…………………須賀 晃一
発行所…………………株式会社 早稲田大学出版部
〒169-0051　東京都新宿区西早稲田1-9-12
TEL03-3203-1551
http://www.waseda-up.co.jp
印刷・製本・装丁……精文堂印刷株式会社

ISBN：978-4-657-21018-0